Entendiendo A TUS HIJOS Del Enojo a LA CONEXIÓN PROFUNDA

Guía de crianza pacíficas para entender las malas conductas, fortalecer lazos y criar niños resilientes

Carrie Khang

© Copyright Carrie Khang 2023 – Todos los derechos reservados.

El contenido de este libro no puede ser reproducido, duplicado o transmitido sin el permiso directo y por escrito de la autora o del editor.

Bajo ninguna circunstancia se podrá culpar o responsabilizar legalmente a la editorial, o a la autora, por cualquier daño, reparación o pérdida monetaria debida a la información contenida en este libro. Ya sea directa o indirectamente. Usted es responsable de sus propias elecciones, acciones y resultados.

Aviso legal:

Este libro está protegido por derechos de autor. Este libro es sólo para uso personal. No puede modificar, distribuir, vender, utilizar, citar o parafrasear ninguna parte, ni el contenido de este libro, sin el consentimiento de la autora o del editor.

Nota de exención de responsabilidad:

Tenga en cuenta que la información contenida en este documento es sólo para fines educativos y de entretenimiento. Se ha hecho todo lo posible por presentar una información precisa, actualizada, fiable y completa. No se declaran ni se implican garantías de ningún tipo. El lector reconoce que la autora no ofrece asesoramiento legal, financiero, médico o profesional. El contenido de este libro procede de diversas fuentes. Consulte a un profesional autorizado antes de poner en práctica las técnicas descritas en este libro. Al leer este documento, el lector acepta que, bajo ninguna circunstancia, el autor es responsable de cualquier pérdida, directa o indirecta, en la que se incurra como resultado del uso de la información contenida en este documento, incluyendo, pero no limitado a: errores, omisiones o inexactitudes.

Before You Begin…
Grab Your Free Gift

Do mornings in your house sometimes start with rushing, repeating, and eventually… yelling?

You're not alone. Many loving parents lose their patience during the morning rush.

Download my free guide **"Stop the Morning Yelling"** and learn **6 simple steps to create calmer mornings for your whole family.**

https://carriekhang.com

Otros libros de Carrie Khang:

CONTENIDO

Introducción 11

PARTE 1- PUNTO DE PARTIDA

Capítulo 1: Todos Tenemos Emociones 21
Grandes Sentimientos En Los Más Pequeños
Ayuda A Los Niños A Gestionar Esas Grandes Emociones
Las Madres También Tienen Sentimientos

Capítulo 2: Puntos Clave Para La Crianza De Los Hijos 36
Acepta A Tu Hijo Por Quién Es
Crianza Conjunta

PARTE 2 - DESARROLLO CEREBRAL DE TUS HIJOS

Capítulo 3: Desarrollo Cerebral 50
Comprender Los Conceptos Básicos Del Cerebro
Por Qué Son Importantes Los Primeros Años
Cómo Contribuir A Un Desarrollo Cerebral Saludable

Capítulo 4: Construyendo El Cerebro 64
Aprendizaje A Través De La Experiencia
Por Qué Es Importante El Apego
Mitos y realidades sobre el apego seguro

PARTE 3 - DISCIPLINA PARA LOS PEQUEÑOS

Capítulo 5: Por Qué Los Niños No Escuchan 78
Razones Por Las Que Los Niños No Escuchan
Cómo Manejar El Comportamiento Irrespetuoso
Consejos Para Una Mejor Comunicación

Capítulo 6: Tu Casa, ¿Tus Reglas? 92

Conocer Las Normas
Método 1-2-3

Capítulo 7: Disciplina Positiva 101
Si La Disciplina Positiva No Funciona
Cómo Dejar De Gritarle A Tus Hijos

PARTE 4 - CONEXIÓN

Capítulo 8: Conócete A Ti Misma 115
Compréndete Como Madre
¿Eres una buena madre?
¿Habilidades parentales deficientes?

Capítulo 9: Tiempo De Conectarte Con Tus Hijos 128
Llenar La Copa Del Amor
Tu Lenguaje Corporal

Capítulo 10: Conectar Antes De Corregir 141
Queremos Conectar
Por Qué Conectar Antes De Corregir

PARTE 5 - CONEXIÓN FAMILIAR

Capítulo 11: Convertirse En Mejores Madres 156
¿Eres un buen modelo de conducta?
Mentalidad De Crianza

Capítulo 12: No Es Demasiado Tarde 168
Ser Madres Con Menos Remordimientos
Cartas De Tu Hijo

Conclusión 178
Referencias 183

INTRODUCCIÓN

"No puedes obligarme a hacerlo. Te odio". Me gritó mi hijo, de brazos cruzados y con aire desafiante.

Si esta discusión hubiera ocurrido en el pasado, las cosas se hubieran puesto muy feas. Habría habido muchos gritos, llantos e incluso amenazas. Probablemente le habría dado una nalgada o le habría dicho: *"¿Cómo te atreves a hablarme así? Ahora vete a tu cuarto antes de que pierda la paciencia contigo"*.

Pero actualmente, soy una madre diferente a como solía serlo. Estoy equipada con más conocimientos, y eso me ha ayudado a fortalecer mi relación con mi hijo. La vida no podría ser mejor.

Sin embargo, sé que muchas madres y padres están en la misma situación en la que yo me encontraba, atascados en situaciones frustrantes.

Digamos que tu hijo y tú tuvieron un largo día. Todo empezó cuando se iban del centro comercial. Hizo un enorme berrinche, gritando: *"¡No me iré a menos que me compres este juguete!"*. El episodio te vergonzó y, a pesar de querer sacarlo a rastras del centro comercial, reuniste todas tus fuerzas para ignorar su rabieta Una vez en casa, continúa con sus lloriqueos. Por mucho que le ruegues que pare y sin importar cuánto intentes apaciguarlo, el niño está (aparentemente) empeñado en amargarte el día.

Bueno, ¿adivina qué?

Su supuesto plan está funcionando porque ahora estás cansada, frustrada y muy disgustada. Entonces, déjame preguntarte: ¿cuál debería ser tu siguiente paso en esta situación? ¿Darle un tiempo fuera?

¿Castigarlo? ¿O directamente enviarlo a su habitación?

Seguramente has probado cada una de estas opciones en algún momento. Piensa un poco, cada vez que tu hijo hace algo mal, ¿no reaccionas siempre de la misma manera? ¿Te has preguntado por qué sigues repitiendo este mismo ciclo? ¿Quizá te has planteado manejar las cosas de otra manera?

Ahora es el momento de considerar la posibilidad de conectar con tu hijo. Por supuesto, sabes lo que significa conectar, pero probablemente te preguntes por qué lo traigo a colación en esta situación. Probablemente estés pensando algo parecido a: *"¿Por qué abrazaría a un niño que acaba de gritarme y decirme que soy la mamá más mala del mundo?"*.

La verdad es que un niño que se porta mal, hace berrinches y sufre crisis, es un niño que anhela una conexión.

¿De verdad?

Sí, de verdad. Lo creas o no, la intención de tu hijo no es complicarte la vida ni hacerla miserable. Simplemente se siente desconectado de ti, y portarse mal es su forma de expresarlo.

Cuando castigas o tomas distancia de tu hijo por su "mal" comportamiento, solo creas más espacio para la desconexión. Y eso no es algo que ninguna madre o ningún padre quisiera.

Como mamá primeriza, estaba llena de preguntas sobre el comportamiento de mi hijo y sobre cómo expresaba sus emociones. Llegué al punto que, en un momento dado, tuve miedo de estar perdiendo el control. A menudo, observaba las reacciones de mi hijo y me preguntaba por qué actuaba así.

"¿Por qué no es como los otros niños? ¡Esos niños que se portan tan bien! ¿Estoy haciendo algo mal?" A menudo sentía que no estaba haciendo las cosas bien como madre.

En esos momentos, mi inexperiencia me llevaba a decirle que ya era suficiente, que se callara, o a sentarlo en un rincón de la habitación hasta que se le pasara. Estas medidas eran atajos. Por supuesto, no era mi intención hacerle daño a mi hijo. Pensaba que un poco de "amor rudo" era bueno para él.

Pero he aquí el problema de esa línea de pensamiento. Cuando usas tácticas de amor rudo, ¿esperas sinceramente que tus hijos se tomen el tiempo necesario para pensar en lo que han hecho mal? ¿Esperas que te pidan perdón durante esos largos tiempos fuera? ¿De verdad crees que tus hijos buscarán soluciones a sus problemas por sí mismos?

Una pregunta final: ¿Bromeas? ¡Sólo son niños! No tienen experiencia para manejar este tipo de razonamientos por sí solos. Nunca debería ser una opción dejar a los niños solos porque se han portado mal.

Tienes que encontrar una solución alternativa, y aquí es donde entra en juego la disciplina. *Disciplinar niños significa enseñarles qué comportamientos son aceptables y cuáles no.* Ten en cuenta que disciplina no significa castigo.

He visto a muchos padres aplicar viejos métodos de disciplina con sus hijos y dar por sentado que luego sus hijos estarán bien. En realidad, no puedo culparlos por hacerlo porque muchas personas, entre las que me incluyo, crecimos con padres y madres que no eran buenos estableciendo vínculos. No tuvieron un ejemplo a seguir que exhibiera formas sanas de relacionarse entre padres e hijos.

Desafortunadamente, muchos de nosotros pertenecemos a esta categoría. Nuestros padres y madres nos educaron y disciplinaron de la forma tradicional. Luego, al tener nuestros propios hijos, nos vemos haciendo lo mismo porque no conocemos otras formas.

Supongamos que pudieras usar una máquina del tiempo para volver a cuando eras niña. ¿Querrías que tu padre y tu madre te disciplinaran como tú disciplinas a tu hijo hoy en día? Supongo que la respuesta es

¡No!

Recuerdo cómo mi corazón estaba roto todo el tiempo porque cada vez que ocurría algo, mi padre y mi madre creían que era culpa mía. Al parecer, pensaban esto sin importar de quién era la culpa cuando mi hermano y yo peleábamos. Siempre asumían que yo había comenzado la pelea y me castigaban cada vez.

A menudo me preguntaba por qué estaban constantemente reprendiéndome y acusándome de cometer errores. *¿Por qué papá y mamá no se ponen de mi lado ni una vez?* pensaba. *¿Por qué no me preguntan sobre la situación sin gritarme?* Si mi madre y mi padre hubieran reaccionado como yo deseaba, habría sentido su amor. Habría intentado ser una mejor hija. Pero, por desgracia, nunca reaccionaron como yo quería. Sé que mis padres siempre me han amado, pero cuando pienso en cómo me trataron, me doy cuenta de que a menudo fallaron al demostrar ese amor.

¿Y qué hay de ti? ¿No quieres criar a tus hijos como siempre quisiste que tus padres te criaran a ti? En lugar de echarles la culpa, ¿por qué primero no haces que tus hijos confíen en ti y comprendan que estás de su lado? De este modo, se sentirán motivados para seguir tu ejemplo.

Los investigadores han sugerido que, para establecer una conexión sana y fuerte con nuestros hijos, necesitamos cinco interacciones positivas por cada interacción negativa que tengamos con ellos. Puesto que pasamos tanto tiempo reprendiendo, corrigiendo, agobiando y gritándole a nuestros hijos, necesitamos pasar cinco veces más tiempo creando una conexión positiva con ellos.

Pero no somos más que humanos. ¡La crianza es uno de los trabajos más difíciles que existen! Algunos días, todo lo que podemos hacer es satisfacer las necesidades básicas de nuestros hijos. Otros días, bañarlos, darles de comer, conseguir que hagan los deberes y acostarlos temprano es más bien una auténtica guerra. ¡Y es aún más difícil mantener un tono alentador mientras lo haces!

Sabemos que las rabietas son una fase y que los desacuerdos no durarán para siempre. Aun así, en esta etapa, nuestros hijos ya están generando una distancia emocional entre nosotros que hace que la crianza no sea algo agradable.

Por Qué Escribí Este Libro

Recuerdo el día en que le di una fuerte nalgada a mi hijo justo después de que dijera: *"Ojalá no fueras mi madre"*. Incluso recordándolo ahora, siento el dolor que me causó su comentario. Aquello me partió el corazón y no pude controlarme.

Le respondí: *"¿Qué acabas de decir? Ojalá tú tampoco fueras mi hijo. Me haces la vida imposible"*.

En otras palabras, acabé diciendo cosas que no se le deberían decir a ningún niño. Era una madre que necesitaba ayuda. Dejé a mi hijo llorando, corrí a mi habitación y derramé unas cuantas lágrimas a puerta cerrada. Lo que menos me imaginaba era que me estaba desconectando poco a poco de mi querido hijo con nuestras constantes peleas emocionales.

Odio admitirlo, pero en algún momento adopté los métodos de disciplina que mis padres habían empleado conmigo. Se acostumbraron a decirme: *"Un momento"*, *"Dame tiempo"*, *"Ya casi término"*, *"Hoy no, mi amor"*, *"Ahora estoy ocupado/a"*, *"¿No puedes resolverlo tú misma?"* y *"Hagámoslo mañana"*. Odiaba que mis padres me hubieran hablado así todos aquellos años, pero allí estaba yo, haciéndole lo mismo a mi hijo. Qué verdad tan desagradable de descubrir.

Tardé años en descubrir cómo establecer una conexión con mi hijo, ¡pero el esfuerzo valió la pena! Mirando atrás, comprendo lo útil que habría sido este conocimiento. Escribo este libro con la esperanza de que otras madres y padres primerizos puedan evitar los errores que yo cometí al criar a mi hijo.

La conexión es diferente para cada madre o padre y para cada hijo. Depende de muchos factores distintos. Este libro te proporcionará la información que necesitas, mientras te enseña las habilidades necesarias. ¡Y prometo no usar un enfoque crítico! No hay una única forma correcta de establecer una mejor conexión con tu hijo, pero en este libro explico las formas que funcionaron para mí y para muchas otras madres y padres. Por supuesto, el objetivo final es vivir una vida significativa y agradable con tus hijos.

Durante años, he estudiado, investigado y leído innumerables libros sobre crianza y psicología infantil. Al principio no fue fácil, porque tuve que pasar por muchas pruebas y errores. Tuve que aplicar lo que había aprendido a mi estilo de crianza para averiguar qué funcionaba y qué no. Desde entonces, ¡mi vida ha mejorado increíblemente! Creo que ahora la conexión con mi hijo se hace más fuerte porque lo veo sonreír más, y cada día hay menos tensión.

He escrito este libro empleando términos fáciles de comprender para que la información sea accesible. En su interior encontrarás practicas técnicas y estrategias. Los ejercicios son una parte significativa de tu camino en la crianza, así que asegúrate de completar cada uno de ellos.

Aunque la crianza puede resultar difícil y a veces puede parecer abrumadora, ¡sé que lo conseguirás! La información y los recursos que te proporciono te facilitarán el proceso. Si inviertes tiempo en tu relación con tu hijo, verás que los resultados valen la pena.

Pero antes de iniciar tu recorrido, empecemos con un rápido ejercicio de visualización. Quiero que imagines que tu hijo es una flor. Cuando te dan esta flor, no puedes elegir de qué tipo de flor es. Sin embargo, tu trabajo consiste en nutrir a tu flor en un entorno seguro. Sabes que tu flor es la más hermosa que existe, y debes darle todo tu apoyo 24 horas al día, los 7 días de la semana. Con suficiente amor y cuidados, la verás florecer en todo su potencial. Al igual que esta flor, tu hijo alcanzará todo su potencial gracias a tu apoyo.

Todas queremos criar a un niño feliz, sano y que se comporte bien y nos respete a lo largo de los años. Entonces, ¿estás preparada comenzar a conectarte con tu hijo?

Si es así, ¡abróchate el cinturón y comencemos este viaje!

¡Vamos!

Primera Parte

Punto De Partida

Si nunca has sido odiado por tu hijo, nunca has sido padre.
- Bette Davis

CAPÍTULO 1

TODOS TENEMOS EMOCIONES

"Cuando los niños se sienten abrumados por grandes emociones, es nuestro trabajo compartir nuestra calma, no unirnos a su caos".
- L.R. Knost

"Eres la mamá más mala del mundo." Me gritó mi hijo mientras daba un portazo en el dormitorio y salía enfurecido.

Aquellas palabras hirientes hicieron eco en mí mientras me quedaba de pie, incapaz de moverme. En cuestión de segundos, no sólo me invadió la tristeza, sino también varias preguntas.

"¿Qué he hecho para merecer el odio de mi hijo? ¿Por qué le gusta herir mis sentimientos? ¿No hago lo suficiente por él? ¿Qué más puedo hacer?"

Antes de conocer los métodos saludables de crianza, estaba perdida. Cada día, parecía que nada de lo que hacía ayudaba. Mi hijo había decidido no escucharme. No se levantaba de la cama sin pelear.

Gritaba cuando le daba la gana. Lo que era peor, gritaba durante horas si no conseguía lo que quería.

Todas hemos sido niños alguna vez. Nos hemos visto en muchas de las situaciones en las que se encuentran nuestros hijos hoy en día. Pero

¿puedes recordar exactamente cómo veías el mundo cuando eras muy pequeña? Por supuesto puedes recordar ciertas cosas, pero ¿puedes recordar lo intenso que era todo en aquella época? Intenta recordar cómo te sentías cuando eras niña. ¿No te parece absurdo haber llorado por juguetes que tus padres claramente no podían comprar? ¿No te gustaría poder volver a no hacer otra cosa más que jugar todo el día?

Verás, todos hemos pasado por eso; hemos estado en la misma situación que nuestros hijos. Pero ahora que somos madres y tenemos nuestros propios hijos de los que ocuparnos, nos resulta difícil comprenderlos, aunque nosotras hayamos estado en su posición. ¡Qué ironía! Ser padres es totalmente distinto a ser niños. Recuerda que los niños siguen siendo sólo *niños,* y tienes que recordarte a ti misma que nadie nace sabiéndolo todo automáticamente. Es la parte divertida de la vida. ¡Aprendemos cosas a medida que crecemos!

Todos llegamos a este mundo como hojas en blanco. Lo que sabes ahora lo aprendiste a lo largo de los años. Esto significa que nuestros padres se enfrentaron a retos mientras crecíamos porque tenían que identificar *qué* enseñarnos y *cómo* hacerlo.

Para comprender mejor a tu hijo, tienes que empezar por sus emociones, qué emociones siente, de dónde vienen y cómo afrontarlas. De este modo, cuando tu hijo se porte mal, sabrás el motivo. Y cuando sepas por qué tu hijo actúa de determinada manera, podrás identificar una mejor solución para la situación. Este proceso nos ayuda a comprender las emociones de nuestros hijos. Por supuesto, cuando comprendes mejor a tu hijo, puedes establecer una mayor conexión con él.

Las emociones son los sentimientos intensos que experimentas a lo largo de la vida. Aunque no puedes verlas ni tocarlas, siempre están presentes en tu interior. Están esperando a que alguien o algo las mueva.

Las emociones son un componente esencial de la vida, ya sea que lo que sientas sea negativo o positivo. Son lo que nos hace humanos. Estos sentimientos empiezan a desarrollarse inmediatamente después del nacimiento. Sin embargo, aumentan y se tornan más complicadas en los últimos años de la infancia y los primeros de la adolescencia. Se necesita ayuda externa para comprenderlas y gestionarlas mejor.

Grandes Sentimientos En Los Más Pequeños

¿Te has preguntado alguna vez por qué a tu hijo le resulta difícil explicar sus sentimientos en ciertas situaciones? Veamos un ejemplo. Quizá tu hijo esté jugando con un auto que se transforma en robot. Al intentar transformarlo, lo empuja con tanta fuerza que la puerta del auto de juguete se cae accidentalmente. Está desconcertado y no sabe cómo arreglarlo. ¿Qué hace? Empieza a golpear el robot contra el suelo. Si no hay nadie que le explique cómo volver a colocar la puerta del auto, probablemente acabará frustrado y enojado. También es probable que rompa en llanto.

En esta situación, tu reacción puede ser culpar a tu hijo por reaccionar de forma exagerada. ¡Sus emociones podrían incluso detonar algunas de tus emociones no deseadas!

Pero pensemos en ello con lógica. Todos sabemos que a los niños no les resulta fácil controlar sus emociones. Esta falta de control se debe a su incapacidad para encontrar las palabras que describen realmente el sentimiento que están experimentando. Estoy segura de que has experimentado entusiasmo, frustración, tristeza, nerviosismo, ira, vergüenza, celos y preocupación en algún momento de tu vida,

¿verdad? De ser así, ¿por qué crees que tu hijo no puede hacerlo? Al fin y al cabo, ellos también son humanos.

Pero, una vez más, es posible que pienses: *"Sólo son niños. ¿Cómo pueden sentir ira con tanta intensidad? Todavía son muy pequeños.*

¿Por qué se sienten tan frustrados?".

Si tienes pensamientos como éste, ahora es el momento de quitarlos de tu mente, porque ésta es la verdad: los niños sienten lo mismo que tú. Sus emociones recorren su cuerpo, igual que las tuyas recorren el tuyo. La diferencia entre tú y tu hijo es que tú tienes la capacidad de expresar esas emociones de una forma que, espero, sea sana y útil. Como los niños son pequeños y aún están creciendo, puede resultarles difícil emplear palabras para describir exactamente cómo se sienten. Cuando las palabras no son una opción, acaban expresándose de otras formas. Usan expresiones faciales y lenguaje corporal, que adoptan diversas formas: lloran, ponen los ojos en blanco, miran mal, hacen rabietas y, a veces, simplemente "se portan mal".

Es probable que mires a tu hijo y te preguntes cómo es posible que se haya convertido en esto. Sabes que probablemente tu hijo no tiene intención de comportarse de un modo que tú no apruebas, y sin embargo ahí está. Desde el momento en que das la bienvenida al mundo a tu pequeño bebé, empieza a aprender las habilidades emocionales que necesita para expresar y gestionar sus sentimientos. Adquieren estas habilidades de las personas con las que entran en contacto, es decir, mamá, papá, sus abuelos, otros parientes y cuidadores.

Dado que eres la persona más cercana a tu hijo, tienes la responsabilidad exclusiva de ayudarlo a comprender cómo se siente y por qué se siente y se comporta de determinadas maneras. Una vez que entiendan por qué se sienten como se sienten, podrás enseñarles a gestionar mejor esas emociones difíciles.

Las grandes emociones pueden ser abrumadoras para todos, especialmente para los niños. Quizá te preguntes por qué los niños experimentan emociones más intensas cuando no tienen mucha experiencia de vida. La respuesta es sencilla: las emociones de los niños son más intensas porque todavía están aprendiendo a regularlas. En otras palabras, son demasiado inexpertos para aprender a evitar que sus emociones se desborden y se vuelvan incontrolables. Afortunadamente, tú estás a su lado para ayudarles a aprender a evitar que sus emociones se salgan de control.

Ayuda A Los Niños A Gestionar Esas Grandes Emociones

¿Cuál es el mejor regalo que le puedes dar a tu hijo? En mi opinión, el mejor regalo es la capacidad de manejar de forma *sana* emociones intensas y abrumadoras como la ira, el miedo, la decepción y la felicidad. No querrás que se rían de tu hijo en clase porque se asusta notoriamente cada vez que le hacen una pregunta. Tampoco te gustaría que te llamaran de la oficina del director porque tu hijo se ha peleado con alguien tras dejarse llevar por la ira. A veces, este tipo de situaciones pueden evitarse por completo con suficiente gestión emocional y previsión.

Por desgracia, hay otras tantas ocasiones en las que se producen situaciones desagradables que son en cierto modo inevitables. Algunos ejemplos son las mudanzas de la familia, la rotura de un juguete o el divorcio de los padres. Es sobre todo en estos momentos difíciles cuando tus hijos más necesitan de tu ayuda.

Ninguno de nosotros nació sabiendo controlar grandes emociones como la tristeza, la ira, los celos y el miedo. Los niños afrontan las grandes emociones igual que nosotros, ya sea al recibir sus bocadillos favoritos, esperar su turno en la fila o cuando se muere una mascota. Aunque las causas de sus sentimientos sean distintas de las nuestras, las emociones de los niños son tan reales y válidas como las de los adultos.

A veces, ver a nuestras pequeñas personitas enfrentarse a grandes emociones puede ser divertidísimo, como cuando abren un regalo que llevaban tanto tiempo esperando y les invade la emoción. Pero también podemos encontrar irritantes ciertos comportamientos provocados por las grandes emociones. Nuestros hijos pueden reaccionar de formas que dobleguen incluso a las madres más fuertes. Los comportamientos van desde crisis, rabietas, arrebatos y gritos. Y, por desgracia, muchos de estos comportamientos extremos ocurren en entornos públicos.

Hacer frente a las grandes emociones es importante para llevar una vida sana, incluso de adulto. Si no se controlan, estas emociones pueden provocar problemas que pueden requerir la ayuda de un psicólogo. ¿Y qué ocurre con los niños? Tampoco son inmunes a los problemas emocionales. A menudo tienen dificultades académicas, físicas, emocionales y de comportamiento. Si tu hijo sufre crisis emocionales o arrebatos de ira con frecuencia, es señal de que necesita tu ayuda.

Pero no te preocupes. Con tu ayuda, tus hijos podrán gestionar eficazmente sus emociones en situaciones difíciles.

Quiero que imagines que las emociones de tu hijo son como las olas del océano. Como madre, es necesario que estés a su lado y les enseñes a surfear las olas. No enseñes o corrijas a tu hijo cuando tenga las emociones a flor de piel. No será el mejor momento. Tienes que esperar a que pase la ola para enseñarles estrategias de gestión emocional.

Ahora que sabemos lo importante que es ayudar a nuestros hijos a afrontar las grandes emociones, hablemos de cómo puedes ofrecerles ayuda.

- **Proporcionar estrategias**

Tanto si son niños pequeños como niños mayores, tus hijos aún están creciendo y todavía no son expertos en gestionar grandes emociones. Entonces, ¿qué debes hacer?

Debes proporcionarles estrategias.

A continuación, exponemos ejemplos de formas habituales de proporcionar estrategias de gestión emocional para niños pequeños y no tan pequeños.

Supongo que habrás vivido una situación parecida a ésta: Tus hijos gritan porque quieren irse a la cama con el uniforme de taekwondo o el vestido de princesa o, básicamente, cualquier cosa menos el pijama. A tus ojos, se están portando mal, y sólo te enfocas en las rabietas. Olvidas que lo que tu hijo está haciendo es comunicarse, y que no sabe expresarse mejor. Así que, en vez de regañar a tu hijo, ¿por qué no aceptas su comportamiento como algo normal? Así, puedes responder enseñándole lo que debe hacer. De este modo, será menos probable que la próxima vez tenga una rabieta.

Mantén la calma y dale espacio a tu pequeño. Utiliza las palabras que a ellos les cuesta utilizar. Por ejemplo: *"Veo que quieres ponerte este uniforme de taekwondo y no el pijama, y eso te molesta. ¿Por qué no te calmas y te digo cómo solucionarlo?"*. Cuando cesen las rabietas, agradece a tu hijo que se haya calmado y explícale que el uniforme es para llevarlo durante los ejercicios. Puedes decirle: *"Toca esta tela. Puedes ver que es muy gruesa y no lo suficientemente fina para la hora de dormir. Si te pones esto, no dormirás bien. Pero tu cómodo y bonito pijama te hará dormir plácidamente"*. Con esto entendido, será más probable que se vaya a la cama con la ropa adecuada.

En el caso de los niños mayores, su vocabulario está más desarrollado y pueden que tengan palabras para expresar sus sentimientos. Sin embargo, también pueden decidir no usarlas. En ese caso, ¿qué haces cuando se cierran al mundo para evitarte y deciden solo jugar videojuegos? ¿O cuando empiezan a sacar a relucir su enojo?

Algunas estrategias que puedes proporcionar a los niños mayores cuando sus emociones están a punto de desbordarse incluyen pedirles que armen un rompecabezas, den una vuelta en bicicleta, cuenten hacia atrás desde 100 o hagan saltos de tijera. Incluso puedes unirte a ellos en una de estas actividades para mostrarles tu apoyo.

Recuerda que lo que funciona con el hijo de tu amiga o de tu vecino, puede no funcionar con el tuyo. Tendrás que probar distintas estrategias para averiguar qué funciona para tu familia.

Ten en mente que una estrategia que funciona un día puede no funcionar al siguiente, así que guarda una lista de actividades para poder ofrecer a tu hijo diferentes ideas.

- **Establecer expectativas realistas**

¿Con qué regalo quisieras que te sorprenda tu pareja en tu cumpleaños? No podemos negar el hecho de que, a pesar de no querer parecer egoístas, en el fondo de nosotros sigue existiendo ese regalo especial que la mayoría deseamos. Cruzamos los dedos y esperamos que nuestra pareja nos haga ese regalo. Pero las expectativas siempre difieren de la realidad, ¿verdad? Cuando no recibimos ese regalo, no nos quejamos. En lugar de eso, aceptamos la realidad.

Pero cuando se trata de tus hijos, ¿por qué tus expectativas son tan altas? Los niños siempre actuarán así: como niños. Acabarás frustrada y decepcionada cuando esperes demasiado de ellos. Por lo tanto, debes establecer expectativas realistas cuando ayudes a tus hijos a gestionar sus emociones.

Por ejemplo, es normal que un niño de dos años llore porque no tiene su bocadillo favorito, así que no permitas que su expresión de emociones te frustre. No le digas a tu hijo que se relaje y se comporte como un niño o niña grande cuando lo que necesita es tu empatía. Es mejor cuando reconoces que *necesitan* tu empatía. Entonces podrás dar los pasos adecuados para procesar por qué se siente así.

Aunque quieras consolar a tu hijo y hacer todo lo posible para que se sienta mejor inmediatamente después de una rabieta, no intentes acelerar el proceso. Siéntate con tu hijo y mantén una conversación constructiva sobre lo ocurrido. Luego, discute una mejor manera de reaccionar la próxima vez.

- **Validar**

Ahora es el momento de validar las emociones de tu hijo. Al validar los sentimientos de tu pequeño, reconoces que comprendes cómo se siente. Tanto si están contentos, como enfadados, tristes o experimentando cualquier otra gran emoción, tu validación es necesaria. Al darla, no les estás corrigiendo, dando una lección o intentando arreglarlos. En lugar de eso, les estás mostrando que comprendes la situación desde su perspectiva. También estás demostrando que empatizas con ellos basándote en la situación que están viviendo. Asegúrate de que tus hijos sepan que es normal tener emociones intensas. Todos los niños sienten y expresan emociones fuertes que les hacen tener rabietas, encerrarse en su habitación y gritar a todo pulmón. Puede que las emociones de algunos niños no sean tan evidentes, pero eso no significa que no sientan emociones fuertes.

Imagina este escenario. Vas a la tienda con tu hijo de cuatro años, y de repente ve un juguete y lo toma. Intenta meter el juguete en el carrito. Haces todo lo posible por mantener la calma y le explicas que no has ido a la tienda a comprar juguetes, sino alimentos.

Mientras intentas tranquilizar a tu hijo e incluso le prometes que le darás el juguete en el próximo viaje, se altera. Inmediatamente, empieza a llorar, gritar y patalear. Hace un berrinche en medio de la tienda.

En esta situación, ¿qué harías a continuación? Podrías ordenarle a tu hijo que deje de llorar y que "se calle". Podrías intentar hacer que pare para evitar la vergüenza, ya que la gente empieza a mirar.

Pero la cosa es así. A pesar de las acciones de tu hijo, no está intentando hacer una escena en la tienda ni avergonzarte. El hecho de que le negaran ese juguete detonó en él grandes emociones, como la tristeza y la decepción. Su rabieta fue su forma de expresar esas emociones.

Si te encuentras en una situación así, intenta validar los sentimientos de tu hijo, aunque no vayas a comprarle el juguete. Acércate a tu hijo y mírale a los ojos mientras le explicas que comprar un juguete no formaba parte del plan. Con calma, infórmale que solo tienes dinero para comprar alimentos, algo que es aún más importante que un juguete. También puedes decirle que harás planes para comprar el juguete en tu próxima visita a la tienda. Este sencillo acto puede ser muy útil para el bienestar emocional de tu hijo. En tu próximo viaje, asegúrate de cumplir tu palabra. Los niños *siempre* recordarán todo lo que digas, sobre todo cuando se trata de comprar juguetes.

Las Madres También Tienen Sentimientos

Comprendo lo agotador que pueden ser las idas y vueltas con tus hijos sobre cualquier asunto. Estas tareas van desde hacer que cenen, subirlos al automóvil para ir al colegio y convencerlos de que se bañen antes de dormir. Sin mencionar que hay que conseguir que respeten las reglas sobre el tiempo frente a la pantalla.

Probablemente te hagas preguntas como:

"¿Por qué siempre empezamos y terminamos el día con una discusión?" "¿Por qué no me hace caso y hace lo que le pido?""¿Cómo puede causarme tanto estrés un niño de cuatro años?".

Naturalmente, estás cansada de las discusiones. Tus emociones son válidas. No minimices tus sentimientos ni los reprimas porque no quieres que la gente te vea como una "mala" madre.

Haz una búsqueda rápida en Google y leerás miles de historias de madres y padres que revelan cómo solían llorar a puertas cerradas o en la ducha. Hablarán de cómo ponían sonrisas falsas para parecer más fuertes.

¿Cómo puede manejar tus sentimientos cuando tienes hijos que a veces te entristecen o te hieren? ¿Y cuándo su comportamiento te hace sentir desanimada, e incluso te hace arrepentirte de haberlos traído al mundo? Afortunadamente, hay formas de afrontar y superar tus emociones intensas.

Aquí tienes dos opciones que puedes probar:

- **No te lo tomes como algo personal**

¿Recuerdas la última vez que tu hijo se enojó por algo que dijiste?

¿Cuál fue tu reacción? ¿Le respondiste gritando o le hablaste con calma? Si dices cosas como: *"¿Cómo te atreves a decirme eso? ¿Cuál es tu problema? ¡No me hagas perder la paciencia contigo! ¡Eres un mocoso malcriado!"*, probablemente te estás tomando el comportamiento de tu hijo como algo personal.

¿Cómo te sientes cuando tu hijo actúa de un modo que no apruebas? Por ejemplo, piensa en cuando llamas a tu hijo por su nombre y te ignora. O cuando le dices que haga algo y grita: *"¡No tengo por qué hacerte caso!"*.

Algunas madres pueden responder pacíficamente cambiando sus reacciones y abordando la situación con calma. Pueden usar un tono, una postura y una actitud diferentes. Sin embargo, si eres de las que se dejan llevar fácilmente, es probable que pienses que tu hijo quiere fastidiarte.

La diferencia entre estos dos tipos de madres es que unas tienden a tomarse las cosas como algo personal, mientras que las otras no. Debes saber, que al tomarte el comportamiento de tu hijo como algo personal y responder a él con una reacción, estás aceptando sus críticas y acusaciones. En cierto modo, les estás diciendo que crees lo que han dicho de ti. Por ejemplo, cuando tu hijo grita: *"¡Te odio!"* o *"¡Tú no me mandas!"* y tú reaccionas con enojo, puede que sus palabras estén detonando un viejo recuerdo de una época en la que te mandaban y te sentías impotente. Como resultado, ese sentimiento de impotencia resurge y te hace reaccionar precipitadamente ante tus hijos.

Cuando caes en esta trampa, es fácil suponer lo peor de tu hijo y formar ideas equivocadas sobre por qué te desobedece y te falta al respeto.

Aunque decir y hacer algo así de hiriente a su madre parezca incorrecto, no olvides que estás tratando con un niño. Este niño no ha aprendido a regular sus emociones. Expresar sus emociones portándose mal es su respuesta inmediata y natural a lo que hiciste o dijiste (o a lo que cree que hiciste y dijiste). No te tomes sus acciones como algo personal. Céntrate en sus comportamientos, no en sus sentimientos sobre el motivo por el que lo han hecho.

Por supuesto, es difícil no sentirse molesta y mantener la calma ante estas situaciones. Estamos hablando de tu querido y dulce hijo. Aun así, recuerda que tu hijo es sólo un pequeño ser humano que todavía está creciendo y aprendiendo. Pronto entenderá sus emociones, así que no te lo tomes como algo personal.

- ### No te preocupes por las cosas pequeñas

No me malinterpretes. No estoy sugiriendo que ignores los comportamientos de tu hijo y lo dejes hacer lo que quiera. Pero, si sigues castigándolo por cada pequeña cosa que haga, sin duda te volverás loca.

Ignora las pequeñeces y elige tus batallas. Las conversaciones que incluyen frases como *"Ponlo donde estaba"*, *"Come esto"*, *"No comas eso"*, *"Siéntate aquí"*, etc., suelen ser las que no merecen la pena. Te desgastarás rápidamente si sigues sermoneando a tus hijos sin parar por cada cosita que hacen. Si han ensuciado algo, en vez de quejarte por ello, puedes limpiarlo más tarde. Sé que es muy duro mirar el enorme desastre que han hecho y fingir que no es para tanto, pero tienes que mantener la calma, por lo menos a efectos de enseñarles.

Tus hijos están creciendo y tienen *mucho* que aprender cada día. Dejar pasar las pequeñas cosas mientras les enseñas a aprender de sus grandes errores está bien.

Los niños creen que sus madres y padres son robots que no tienen emociones ni sienten nada. No dejes que sigan suponiendo eso. La próxima vez que tu hijo te haga sentir mal, dile: *"Mamá también tiene sentimientos"*. También puedes decir algo como: *"Eso ha herido mucho mis sentimientos ¿sabes?"*. De este modo, tus hijos aprenderán que tienes sentimientos, al igual que ellos.

Las madres experimentan muchas emociones negativas. Entre ellas están los sentimientos de resentimiento, ira, privación, agotamiento y muchos otros. Si no se abordan, estos sentimientos nos consumirán y posiblemente nos destruirán. Para combatir el efecto de estas emociones difíciles, tenemos que cuidar de nosotros mismos. De lo contrario, la ansiedad y la depresión pueden pasarnos factura. Por favor, tómate tiempo para cuidar de ti misma. Es bueno para tus emociones y también para la felicidad de tu familia.

> **Para ser una buena madre o un buen padre, tienes que cuidarte para tener la energía física y emocional necesaria para cuidar de tu familia.**
> **- Michelle Obama**

CAPÍTULO 2

PUNTOS CLAVE PARA LA CRIANZA DE LOS HIJOS

"Cada niño es una flor diferente, y todos juntos hacen de este mundo un hermoso jardín" - Anónimo

Déjame adivinar: eras como yo y recibiste muchos consejos sobre crianza antes y después de tener un bebé. Algunos de los consejos eran anticuados, como cuando alguien me sugirió usar un cajón de la cómoda en lugar de una cuna. Otros consejos eran divertidísimos, como cuando me dijeron: "Disfruta de cada momento". Me pregunté cómo era posible. Al fin y al cabo, no podía enumerar las veces que tuve que lidiar con mi hijo mientras gritaba en la isla de la juguetería porque quería un camión nuevo.

Pero no puedo negar que también he recibido buenos consejos. Ciertos consejos me ayudaron a calmarme y me guiaron en los retos diarios de criar a mi hijo.

¿Cuál es el mejor consejo de crianza que has recibido?

Mientras piensas en el tuyo, aquí tienes el mío: "Cría al hijo que tienes, no al que desearías tener". Este consejo me impactó mucho la primera vez que lo escuché. Me di cuenta de que me estaba centrando en mis deseos. Lo comparaba con otros niños y siempre me preguntaba por qué no podía ser como ellos.

Es este capítulo, hablaré de porqué es esencial la aceptación. También hablaré de la crianza compartida con tu pareja o con otra persona.

Acepta A Tu Hijo Por Quién Es

¿Alguna vez has mirado a tu hijo y te has preguntado de qué árbol se cayó y por qué es tan diferente a ti y a tu pareja? Quizá te preguntes por qué no es como esperabas.

La verdad es que muchas madres se dan cuenta de que sus hijos son diferentes a lo que imaginaban. El pequeño genio de las matemáticas que esperabas tener odia las tareas escolares. Ese niño dulce que soñaste desaparece cuando llega la hora del baño y de ir a la escuela y es sustituido por uno que no para de gritar. Los sueños de corretear por el parque se han desvanecido porque tienes un hijo que hace rabietas y llora siempre que salen juntos.

Entonces, ¿cómo encontrar el equilibrio y asegurarte de que eres una buena madre para tu hijo y disfrutas de tus años de crianza pase lo que pase?

¡La base de una crianza amorosa es la **aceptación**!

¿Qué significa aceptación para ti y qué estás dispuesta a aceptar de tu hijo? La mayoría de las madres dicen que aceptan a sus hijos, pero en realidad sólo lo hacen hasta cierto punto. Tienes que aceptar a tu hijo por lo que es, dejando a un lado tus esperanzas y expectativas anteriores sobre él. No olvides lo que implica el amor incondicional. Consiste en mostrar amor por tus hijos, pase lo que pase. Significa no negarles tu amor por determinadas condiciones y honrar a tus hijos por su existencia en tu vida.

Muestra a tus hijos tu amor y afecto sin esperar que te demuestren nada. No deberías presionar a tus hijos para que sean un determinado tipo de persona antes de merecer tu amor. Tampoco deberían esforzarse por cumplir tus expectativas sobre ellos. Permíteles ser quienes son; su sola presencia debería ser suficiente.

He oído a muchas madres decir que quieren a sus hijos y que su afecto nunca cambiará, sin importarles lo que hagan. Pero he visto a esas mismas madres enfrentarse a algunos retos y dar un paso atrás. De repente, la aceptación incondicional se convierte en una dificultad. Ser madre o ser padre significa que debes criar y celebrar a los hijos que tienes ahora, no a los que *esperabas* tener. Eso significa que debes deshacerte de esas expectativas iniciales que tenías para tu hijo y abrazar al hijo que tienes ahora. Acepta todos sus fallos, dolores, fortalezas, debilidades, bochornos, rabietas, gustos y aversiones.

Nuestros hijos no existen para que nos sintamos bien con nosotras mismas. Son seres únicos y no deben ser usados para cumplir nuestros sueños y ambiciones. En lugar de eso, necesitan sentir nuestro cálido abrazo y nuestra aceptación por lo que son. Tienes que convencerlos de que los amas y aceptas incondicionalmente. De este modo, es menos probable que se sientan abrumados por nuestras muchas expectativas. Esta aceptación debe manifestarse en el hogar y fuera de él.

Aunque a veces el comportamiento de los niños puede ser irritante y frustrante, tienes que responder de forma eficaz. Piensa en cómo tu reacción a sus comportamientos cambia la forma en que te comunicas con tu hijo. Si no ves las cosas desde su punto de vista y no entiendes cómo asimila la información, puede haber malentendidos. Como resultado, tendrás la sensación de que tu hijo y tú hablan idiomas distintos. En consecuencia, te preguntarás: *"¿Cómo es posible que le diga todas las cosas bien, pero este niño lo entienda todo mal?"*. La verdad es que la falta de conexión entre ambos está provocando falta de comunicación, y eso significa que tu hijo no puede cambiar su comportamiento.

Asegúrate de descubrir cuál es el "lenguaje" de tu hijo; aprende como entiende las cosas y úsalo. Si no lo haces, puedes estar perdiendo la oportunidad de conectar con tu hijo. No entenderá el mensaje que intentas transmitirle. Si no tienen una forma efectiva de comunicarse, es posible que no puedas llegar a tener un vínculo fuerte con tu hijo. Comunícate todo lo que puedas de la forma adecuada, y establece expectativas y consecuencias claras al respecto.

La aceptación es esencial en la crianza. Te hará sentir bien contigo misma y con el niño que estás ayudando a formar. Sin aceptación, te resultará difícil criar a un niño que está desenvolviéndose en la vida y aprendiendo a diario de sus errores.

Crianza Conjunta

Criar a un niño sola, puede ser un reto; así que cuando tengas ayuda de tu pareja, deberías aceptarla con gusto. La ayuda de tu pareja debería reducir la carga de responsabilidades que tienes que asumir.

Al criar a los hijos, es importante que ambos trabajen juntos como un equipo, y la consistencia en la crianza es crucial. Sin embargo, también es importante aceptar las pequeñas diferencias y desacuerdos con tu pareja manteniendo los valores fundamentales. Los valores fundamentales, como la honradez, el respeto, la responsabilidad, la empatía y el amor, son esenciales para formar el carácter y el comportamiento de un niño.

No obstante, a pesar de compartir valores fundamentales, madres y padres pueden diferir en la forma de interpretarlos y aplicarlos en situaciones de la vida real. Por ejemplo, supongamos que un niño se porta mal en una reunión familiar. Uno puede creer que hay que disciplinar al niño con firmeza, mientras que el otro puede preferir un enfoque más suave. Estas diferencias pueden deberse a su propia educación, personalidad o creencias sobre la crianza.

Antes de que naciera mi hijo, apenas discutía con mi marido. Todo parecía pacífico, y nos entendíamos muy bien. Pero tras el nacimiento de mi hijo, empezamos a discutir por las cosas más insignificantes: si había que darle el pecho o el biberón, cómo debía ser su horario de sueño, cuándo había que apagar y encender las luces, cuánto tiempo de pantalla debía tener, qué actividades al aire libre debíamos hacer en familia, qué alimentos debía comer, cuándo debía hacer los deberes...

Si estás experimentando una situación similar, debes saber que no estás sola. Hay muchas parejas que siguen discutiendo sobre estas cosas, y sobre muchas otras. Incluso actualmente, mi marido y yo seguimos teniendo opiniones diferentes sobre la crianza de mi hijo adolescente. Pero, afortunadamente, no ha sido tan difícil como al principio. Pero hablando en serio, solía enfadarme mucho con mi marido porque pensaba que él hacía las cosas mal. Sentía que lo molestaba cuando intentaba hacerle ver mis razones. Mi hogar feliz pronto se convirtió en un hogar lleno de discusiones, y gradualmente nos distanciamos. Algo muy triste de presenciar.

Los siguientes son ejemplos de conversaciones que manteníamos cuando teníamos opiniones diferentes sobre nuestro estilo de crianza.

✓ **Ejemplo 1**

Yo: *J (mi hijo) no quiere ir a clases de piano. Me vuelve loca cada vez que tengo que arrastrarlo para que vaya a practicar con su profesor.*

Mi marido: *Si J no quiere hacerlo, no hace falta que lo obligues. ¿No podrías simplemente dejar de mandarlo a las clases?*

Yo: *¿Qué? ¿Por qué sugieres eso? Si seguimos permitiéndole que se salga con la suya, ¿qué hará en el futuro?*

Mi marido: *¿Por qué seguir forzándolo a hacer algo que no quiere? Te va a salir el tiro por la culata.*

Yo: *¿La clase de piano es para mí? No. Es para J. Con el tiempo agradecerá haber aprendido a tocarlo.*

Mi marido: *Sí, es para ti. Quieres tener un hijo que sepa tocar el piano.*

Yo: *¡Deja de decir eso! No quiero oírlo.*

Como puedes imaginar, me enojé y levanté la voz. Me sentí muy mal, y no nos hablamos en todo el día. Me invadieron las preguntas. *"¿Por qué mi marido no piensa como yo? ¿No sabe que quiero lo mejor para nuestro hijo? ¿Por qué tenemos que discutir por cualquier pequeñez?".*

Como muchos padres, mi marido y yo queremos que nuestro hijo ame y disfrute la música, pero podemos tener opiniones diferentes sobre cómo ejecutarlo.

✓ Ejemplo 2

Yo: *¿Cuándo vuelves a casa?*

Mi marido: *Aún no he terminado de trabajar. Vamos a tener otra reunión y no volveré a casa hasta más tarde.*

Yo: *¿Qué se supone que significa eso? ¿Eres el Director Ejecutivo de tu empresa?* (Lo dije en tono sarcástico).

Mi marido: *Vamos, no digas eso. ¿Crees que quiero quedarme más tiempo aquí? Estoy cansado, igual que tú.*

Yo: *Nunca estás en casa para ayudarme. Soy madre y padre a la vez para nuestro hijo, todo el tiempo. ¡Ya estoy cansada!*

Y de nuevo, de esta conversación surgió otro desacuerdo. No es raro sentirse así cuando eres tú quien asume la mayor parte de las responsabilidades de la crianza. Inevitablemente, la situación te parece injusta y es probable que te enojes. Este enojo puede incluso afectar a tus inocentes hijos.

Trabajar en equipo con tu pareja no implica que nunca se produzcan desacuerdos. ¡Claro que los habrá! Como seres humanos, siempre tendremos opiniones, experiencias, ideas, valores y personalidades diferentes. No olvidemos que *ambos* están lidiando con el estrés de criar a su pequeño. El estrés les pasará factura a ambos.

"Unirse es un comienzo.
Mantenerse unidos es progresar.
Trabajar juntos es triunfar".
- Henry Ford.

De acuerdo a las evidencias científicas, los niños con padres que se complementan en sus diferencias, tienden a ser más equilibrados y estar más abiertos a probar cosas nuevas. Por ejemplo, uno de los padres puede ser tosco y revoltoso, mientras que el otro es amable y creativo. Pueden usar ambas cualidades para ayudar al niño a crecer y volverse audaz y artístico.

A lo largo de los años, he crecido como madre. He tenido que dar un paso atrás y relajarme en muchas cosas. Por ejemplo, solía intervenir cuando mi marido hablaba seriamente o disciplinaba a nuestro hijo. Sin darme cuenta, me hacía cargo de la situación.

Al principio, creía que era mejor en la crianza porque soy la que siempre está cerca de nuestro hijo. Soy la que ha leído más libros acerca de crianza y la que siempre está hablando con expertos en crianza. Además, paso más tiempo con mi hijo.

Sin embargo, lo que esto hace es confundir a nuestros hijos. Que dos personas den instrucciones diferentes al mismo tiempo provoca desarmonía en la crianza. También estaba socavando indirectamente a mi pareja, sugiriendo que no era capaz de enseñar o criar a nuestro hijo.

Tienes que entender que la crianza es una sociedad. Confía en tu pareja para que dé a tus hijos la mejor educación que pueda.

Tu pareja es diferente, con sus propias características únicas

Ten en cuenta que tu pareja es diferente a ti y afrontará los retos que la vida le presente a su manera. Una vez que admitas esto, te darás cuenta de que criar con personalidades diferentes expone a tus hijos a una variedad de formas de enfrentarse a la vida a medida que crecen.

Tener personalidades únicas no es malo. Al fin y al cabo, no todos podemos ser iguales, ¿y por qué querríamos serlo? Sólo tienes que encontrar el equilibrio. Si sigues interrumpiendo el estilo de crianza de tu pareja, le estás impidiendo practicar sus habilidades como padre o madre. Tu pareja también necesita aprender lo que funciona y adaptarse adecuadamente para mejorar su estilo de crianza.

Los Niños Son Resilientes

Sé que es difícil permanecer en tu lugar y simplemente observar cuando conoces una forma más eficaz de hacer las cosas o cuando tu hijo muestra determinados comportamientos, pero es importante que no interfieras. Debes confiar en que tu pareja no estropeará la educación de tu hijo porque haga las cosas de forma diferente. Recuérdate a ti misma que tu pareja no está intentando arruinar a tus hijos. Sólo es diferente y maneja las cosas de forma distinta a como lo harías tú.

Afortunadamente, los niños son resilientes. Ser resiliente significa que tus hijos pueden aprender de los contratiempos y gestionar mejor sus emociones cuando se enfrentan a ciertas adversidades. Aunque algunas situaciones no sean favorables para tus hijos, pueden aprender a contener su frustración, enfado y decepción en lugar de actuar conforme a esas emociones.

Habla Con Tu Pareja

No existe un estilo de crianza perfecto, ya que cada niño es único y tiene características diferentes. Esto significa que habrá momentos en los que te enfrentes a desafíos. Intento ser intencionada cuando me dirijo a mi marido y le digo: *"Tenemos que encontrar algo que funcione"*. No lo convierto en mi problema, sino en nuestro problema. Utilizo "nosotros" y "nos" en vez de "yo" o "tú". Cuando quiero que las cosas cambien o que se haga un nuevo ajuste, lo convierto en un problema que debemos resolver juntos. De este modo, conseguimos resolver juntos lo que queremos cambiar y evitamos confrontaciones sobre cómo hacerlo.

La crianza es una responsabilidad compartida, y tú y tu pareja forman un equipo. Resuelvan los problemas juntos. No siempre puedes controlar lo que hace tu pareja, y el camino de la crianza te resultará más divertido y agradable si las decisiones importantes las toman de común acuerdo.

Recuerda que las madres y padres somos humanos y todos cometemos errores. En lugar de enojarte con tu pareja por no hacer las cosas como tú quieres, piensa en las veces que te has equivocado.

Canaliza tu energía en hablar las cosas y encontrar puntos en común.

Criar con tu pareja y aceptar su estilo de crianza enseñará a tus hijos la importancia de la familia y de los lazos afectivos. Conseguirás conectar con tus hijos a un nivel más profundo y prepararlos para la vida.

Familia

Segunda Parte

Crianza Orientada Al Desarrollo Cerebral De Tus Hijos

Lo mejor que puedes dar a tus hijos es TIEMPO

CAPÍTULO 3

DESARROLLO CEREBRAL

"Solo fallas cuando dejas de intentarlo" - Albert Einstein

¿Sabías que algunas serpientes se comen sus huevos cuando tienen hambre? Sí, lo sé. Es bastante extraño. Quizá te preguntes por qué las serpientes harían algo así, por mucha hambre que tengan. La verdad es que no todas las serpientes incurren en esta crueldad. Las serpientes que lo hacen, se comen sus huevos porque tienen lóbulos frontales más débiles y pequeños. Como resultado, estas serpientes tienen una capacidad limitada para las emociones y sólo funcionan para sobrevivir.

Afortunadamente, como humanos, podemos ir un paso más allá. Los humanos podemos sentir todas las emociones y tenemos cerebros que pueden procesar las cosas de forma más lógica.

¿Sabías que tus emociones y las de tu hijo están controladas por el cerebro? Es asombroso saber que el cerebro de tu bebé se desarrolla allí mismo, dentro de su cabecita, creando sus emociones. Entenderás mejor las emociones y comportamientos de tu hijo si aprendes cómo funciona el cerebro humano.

Por vergonzoso que parezca, no sabía nada sobre el desarrollo cerebral de los niños hasta que empecé a leer libros sobre el tema hace unos años. Después de aprender cómo funcionaba el cerebro de un niño, un pensamiento perduró en mi mente. *"¡Guau! Si pudiera volver atrás en el tiempo, dedicaría más tiempo y esfuerzo al desarrollo cerebral de mi hijo".*

Quizá te preguntes por qué menciono el concepto de desarrollo cerebral cuando se supone que este libro se trata de conectar con los niños. Bueno, es muy probable que seas como yo. Probablemente no hayas prestado demasiada atención al desarrollo cerebral de tus hijos. Puede que incluso tengas la idea errónea de que el desarrollo cerebral de los niños es innato, y que no necesitas hacer nada. Aunque no es necesario que conozcas todos los detalles sobre el funcionamiento del cerebro, tener una noción básica marcará una diferencia significativa en tu experiencia como madre y te permitirá conectar mejor con tu hijo.

Este capítulo es una guía fácil de entender sobre el cerebro en crecimiento de tu hijo, con consejos útiles para apoyar su desarrollo. A medida que leas, descubrirás información útil y volverás a asombrarte ante tu pequeña maravilla. Sin embargo, ten en cuenta que no soy médica, ni tengo un doctorado, o soy experta en nada relacionado con este campo. He reunido la información relevante para este capítulo a través de mucha investigación. La información que encontrarás aquí es precisa y está basada en recursos fiables, por lo que es un buen comienzo para comprender el concepto de cerebro sin entrar en detalles anatómicos. Pero antes, hablemos de cómo funciona el cerebro.

Comprender Los Conceptos Básicos Del Cerebro

¿Sabías que, a pesar de ser muy pequeño, el cerebro de tu bebé está formado por entre 85,000 y 100,000 millones de diminutos bloques de construcción llamados neuronas? Si quisieras contar estas neuronas una por una, necesitarías años y mucha paciencia para terminar. Pero es asombroso, ¿no?

El cerebro humano es una parte compleja del cuerpo. Como una mansión, tiene distintas "habitaciones" o componentes, incluidas secciones para escuchar, pensar, sentir, procesar recuerdos y mucho más. Tu capacidad para realizar tareas con eficacia es el resultado de la conexión entre las neuronas de distintas partes del cerebro. Los cerebros pueden cambiar con el tiempo, y es más fácil modificar el cerebro de un niño. Esto es una buena noticia porque significa que puedes ayudar a tus hijos siendo la superheroína que les ayude a convertirse en su mejor versión.

Desde que nacen, nuestros hijos usan sus experiencias cotidianas para desarrollar sus conexiones cerebrales. Estas conexiones se forman cuando tienen interacciones positivas con las personas más cercanas a ellos. Normalmente son su madre y padre, pero también pueden ser sus abuelos y otros cuidadores.

Los niños usan sus sentidos para interactuar con el mundo, y sus experiencias diarias determinarán qué conexiones cerebrales desarrollan. Estas conexiones pueden durar toda la vida. Ahora, probablemente estés empezando a comprender lo importante que es que tus hijos reciban todos los cuidados, interacciones y atención de calidad que puedan recibir de ti a una edad temprana. Esto marcará una gran diferencia en sus vidas.

La relación que tienes con tu hijo influye significativamente en su desarrollo cerebral. Es esencial que construyas una relación afectuosa con ellos. Aunque los padres son de quienes deben depender los niños, otros adultos de confianza, como maestros, cuidadores y otros miembros de la familia, también pueden apoyarlos.

Los niños dan a los adultos pistas que les hacen saber que quieren relacionarse con sus padres o cuidadores principales. Los bebés se expresan sonriendo, gorjeando o llorando. Los niños pequeños, por su parte, comunican sus necesidades más directamente, a menudo con palabras o emociones. Cualquiera de estas formas de comunicación te permite a ti o al cuidador responsable, responder a las necesidades de tus niños.

Cuando prestas atención a tus hijos respondiendo e interactuando con ellos a menudo, estás ayudando a desarrollar su cerebro. Por eso los médicos siempre aconsejan a las madres que hablen, lean, canten y jueguen con sus hijos desde el nacimiento. Estas acciones dan a los niños la oportunidad de explorar el mundo. Interactuar con tu hijo también crea un entorno seguro y enriquecedor para tu familia.

Las Partes Básicas Del Cerebro

El cerebro está formado por dos partes principales: el cerebro emocional (sistema límbico) y el cerebro inteligente (corteza prefrontal).

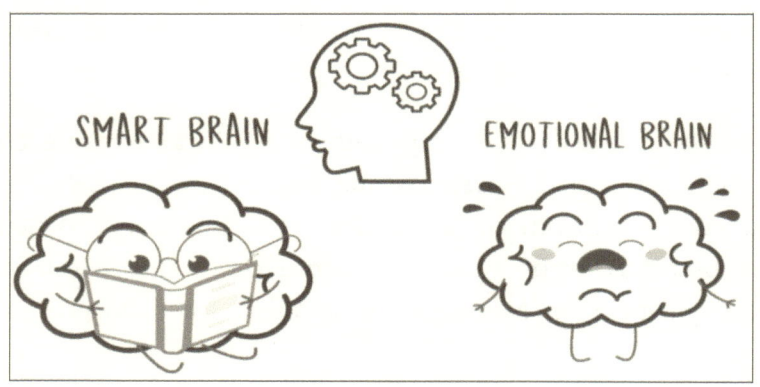

Cerebro inteligente – Cerebro emocional

1. El cerebro emocional

El cerebro emocional desempeña un papel clave en la gestión y regulación de las emociones y en el procesamiento de los recuerdos.

El cerebro de tu bebé debería tener el 50% del tamaño de un cerebro adulto al cumplir el año. ¿Qué debes esperar cuando su cerebro emocional esté plenamente desarrollado y activo?

En esta etapa es cuando tu bebé se apegará más a ti. Ansiarán constantemente tu atención. Por ejemplo, tu bebé siempre querrá estar al lado de su mamá. Cuando el papá vuelve a casa, mueven sus pequeñas piernas lo más rápido posible para conseguir el primer abrazo de su papá. Si sienten que no reciben suficiente atención, empiezan a llorar y a hacer berrinches.

Esta es la etapa en la que tú le hablarás la mayor parte del tiempo. También tendrás que corregir muchas conductas, limpiar lo que ensucien y ocultarle casi todo. En este punto, una combinación de factores puede llevarte a la frustración. Tu bebé busca más atención, tiene rabietas, toma todo lo que ve, quiere estar siempre a tu lado, llora y nunca te da tregua.

En esta etapa es cuando oímos a madres quejarse de sus hijos, diciendo: *"Nunca puedo tomarme un descanso. Ojalá pudiera descansar un poco, aunque fuera un momento".* Es probable que sientas que tu hijo es diferente de los demás, y que ese pensamiento te inquiete.

Éste es el momento en que necesitas bajar el ritmo y recordarte que debes pensar en positivo. Tu bebé sólo está siendo lo que es: ¡un bebé!

Tienes que comprender y decirte a ti misma que el cerebro emocional de tu bebé se está desarrollando rápidamente, que es su forma de crear un vínculo duradero contigo.

Los niños con un sistema límbico desarrollado tienen enormes demandas sociales y muchas conexiones emocionales. Puede que sientas que tu trabajo como madre es demasiado agotador y que no tienes tiempo para ti. Recuerda que tu bebé necesita este tiempo y esta atención para crecer y desarrollar su cerebro.

Si la formación del cerebro emocional no se desarrolla adecuadamente en esta etapa, a la larga a tu hijo le resultará difícil regular sus emociones e interactuar con los demás.

Hemos visto en las noticias que hay personas que se convierten en asesinos y cometen homicidios sin pestañear, y algunos incluso parecen estar orgullosos y sin remordimientos. En muchos de estos casos, se ha descubierto que un desarrollo cerebral emocional deficiente en la primera infancia tuvo efectos graves e irreversibles cuando estos criminales se hicieron adultos.

Estar presente en los primeros años de vida de tu hijo es muy importante. Si el cerebro emocional de tu hijo no está plenamente desarrollado, no será fácil finalizar el proceso más adelante. El apego entre un niño y su cuidador determina en gran medida lo bien desarrollado que estará el cerebro emocional de un niño o si se desperdiciará su potencial.

Las experiencias del niño determinan el crecimiento de su cerebro. Cuando se estimula positivamente, el cerebro forma una resonancia relacionada con esas experiencias y recuerdos.

2. El cerebro inteligente

La corteza prefrontal está situada en la parte frontal del cerebro. Se denomina centro de la personalidad, centro del pensamiento o cerebro inteligente. Nos ayuda a pensar sobre las cosas, practicar el autocontrol, resolver problemas, prestar atención, tomar decisiones y controlar los grandes sentimientos.

El cerebro racional de tu bebé empieza a crecer a los tres años. A partir de entonces, se vuelven *muy* inteligentes. En esta etapa, debes tener cuidado con lo que haces a su alrededor, ya que es probable que capte todas tus acciones y te imite.

Su cerebro inteligente se desarrolla haciendo una serie interminable de preguntas. Dicen asertivamente que no para transmitir sus sentimientos y dejarlos claros. Cuando se les dice que hagan algo, suelen responder con un "No" o un "¿Por qué?" a todo.

¿Recuerdas a tu hijo pasando por esa etapa de responder "¡No!" a todo lo que le decías? ¿Incluso cuando no le preguntabas nada? Sé lo molesto y frustrante que puede ser. Si estás viviendo esta situación ahora, no te asustes. Es sólo una etapa. Debes tomarte tu tiempo para explicarle a tu bebé cómo hacer las cosas correctamente. También puedes indicarle los momentos adecuados en los que debe hacer valer su pequeña autoridad.

Por Qué Son Importantes Los Primeros Años

Incluso recién nacidos, los niños ya tienen montones de neuronas. Las conexiones entre las neuronas se refuerzan dependiendo del tipo de estimulación que reciban contigo o con su cuidador. Algunos ejemplos son que lo tengas en brazos, que le hables y que pasen tiempo juntos.

Los primeros años de tu hijo marcan un periodo significativo de su desarrollo, una época en la que su cerebro se desarrolla rápidamente y forma conexiones y experiencias. Aprenden y crecen a un ritmo acelerado, y es una época en la que son receptivos a nuevas oportunidades.

¿Conoces la infancia de Albert Einstein? Déjame contarte lo que mucha gente no sabe sobre este genio. Cuando Einstein era niño, muy poca gente, en realidad nadie, predijo que algún día sería reconocido como un gran científico. Nadie pensó que un niño con retraso en el habla haría aportaciones notables a la ciencia.

Pero ¿y si te dijera que sus padres tuvieron algo que ver en que Einstein se convirtiera en un gran científico? Algo que le cambió la vida ocurrió cuando tenía 5 años. Mientras Einstein estaba enfermo y en cama, su padre le regaló una brújula que despertó su curiosidad por la ciencia. Además, la madre de Einstein, pianista profesional, le regaló un violín. Estos regalos pusieron a prueba el cerebro de Einstein de distintas maneras. Ten en cuenta que lo importante aquí no es la brújula en sí o el violín. Lo importante es que los regalos estimularon constantemente el desarrollo de su cerebro.

La fase más decisiva del desarrollo cerebral de los niños comienza en torno a los dos años y termina alrededor de los siete. Durante este tiempo, su cerebro aprende más deprisa, y sus experiencias tienen un efecto duradero en su desarrollo. Madres y padres deben centrarse más en construir un desarrollo cerebral sano para sus hijos en estos años, porque es el mejor momento.

Considera los primeros años de tu hijo como la mejor oportunidad para mejorar su capacidad de establecer conexiones, estar sano y convertirse en un adulto exitoso. Otras capacidades de nivel superior como la autorregulación, la motivación, la eficacia y la resolución de problemas también se forman en estos años. Si no se forman en este momento, pueden posponerse hasta la adolescencia. Sin embargo, no podemos negar que es más difícil que se formen conexiones cerebrales importantes más tarde en la vida.

Por tanto, aprovecha el momento ahora y empieza a pasar más tiempo interactuando con tu pequeño para fomentar experiencias positivas. Las interacciones que proporcionas pueden construir la arquitectura del cerebro en desarrollo de tu hijo. Si construyes unos cimientos sólidos desde el principio, tendrás una buena base para edificar una vida con mejor salud general.

Cuanto más comprendas a tu hijo, mejor relación tendrás con él. Asegúrate de saber por qué es importante el desarrollo cerebral de tu hijo en sus primeros años y proporciónale apoyo cuando lo necesite. Como el desarrollo cerebral se produce secuencialmente, el ritmo es importante.

Cómo Contribuir A Un Desarrollo Cerebral Saludable

Ayudar a tu hijo a desarrollar un cerebro sano puede parecer complicado, pero no te desanimes; es un proceso gradual que puedes aprender. Esfuérzate por ver la crianza más como un arte que como una ciencia. Puedes aprenderlo sobre la marcha, incluso sin una clase formal.

A continuación, encontrarás formas de aprovechar al máximo los primeros años de tu hijo y favorecer un desarrollo cerebral sano:

- **Juego**

Pasar más tiempo con tus hijos, sobre todo durante sus primeros años, ayuda a desarrollar sus cerebros. Quizá no lo sepas, pero las experiencias cotidianas de tu pequeño influyen significativamente en el desarrollo de su cerebro. A través del juego, mejora su capacidad para aprender y resolver problemas. Y también su rendimiento académico.

La hora de jugar puede adoptar diversas formas como canciones y otras actividades que puedan involucrar activamente el cerebro de tu hijo. Hay muchas formas divertidas de jugar: escondidas, juegos con cartas, canciones, bloques de construcción y juegos imaginativos. Cada uno de estos puede detonar la creatividad en los niños.

Al jugar con tus hijos, adquirirán habilidades, aprenderán cosas nuevas y crecerán física, emocional y mentalmente sanos. Se convertirán en adultos capaces de comunicarse y relacionarse eficazmente.

• Nutrición

Como motor del cuerpo humano, el cerebro está siempre ocupado trabajando. Por tanto, necesita alimentarse con los nutrientes adecuados para funcionar correctamente. La nutrición es esencial para el desarrollo del cerebro, ya que influye en la forma en que los niños procesan y aprenden la información. Para dar al cerebro de tu hijo una buena dosis de combustible, tendrás que alimentarlo con comidas nutritivas como huevos, arándanos, pescado (con aceites saludables), repollo, semillas de chía, soja y aguacate.

Estos alimentos son deliciosos para muchas personas, pero ya sabes cómo pueden ser los niños cuando se trata de probar alimentos nuevos. Puede que al principio no acepten ciertos alimentos nutritivos. Si este es tu caso, no te preocupes. Sólo significa que aún no están acostumbrados a esos nuevos sabores. Permíteles probarlos varias (seis o siete) veces. Con el tiempo, se acostumbrarán a estos alimentos nutritivos para el cerebro.

Cuando el cerebro y el resto del cuerpo son alimentados adecuadamente, el cerebro se desarrolla correctamente. Tus hijos crecerán sanos e inteligentes. Asegúrate de alimentar adecuadamente a tus hijos con una dieta equilibrada.

• Contacto físico

Los niños también pueden estresarse, igual que sus madres. Quizá estés pensando: *"¿Qué tareas hacen que les estresan?"*. Bueno, corretean por la casa y gastan energía cuando juegan, ríen o incluso lloran. Siempre que veas a tus hijos estresados, no los dejes solos.

Hazles saber que estás ahí para ellos y que los consolarás y ayudarás cuando se sientan estresados. Los estudios han demostrado que un mayor contacto físico ayuda a los niños a sentirse cómodos y seguros.

La próxima vez que veas a tu hijo triste, abrázalo. Dale besos y abrazos y anímale a hablar de lo que le pasa.

- **Leer**

A menudo, la lectura es una aptitud que los padres pasan por alto al principio. Es comprensible, ya que están más centrados en el bienestar físico de su hijo. Pero no podemos olvidarnos de su bienestar mental en el proceso.

Sabemos que la lectura es una habilidad vital en este mundo. A pesar de conocer su importancia, sé que, como madres ocupadas, nos resulta difícil encontrar tiempo para leer libros a nuestros hijos. Puede resultar más cómodo entretener a los niños con aparatos electrónicos, sólo para poder disfrutar de unos minutos de paz mientras los distraes de sus rabietas. Recuerda que exponerlos a los dispositivos electrónicos desde una edad temprana no es bueno para ellos. Sé que es conveniente, pero lo conveniente no siempre es bueno. En lugar de eso, fomenta el amor por la lectura en tus hijos mostrándoles libros ilustrados.

Cuando los niños ven dibujos y oyen las palabras, se despierta su curiosidad y quieren saber más. Exponlos a la lectura. Con el tiempo, reconocerán una correlación entre lo que dices y las imágenes que ven en el libro.

Puedes pedirles que señalen imágenes específicas del libro para apoyar su aprendizaje. Por ejemplo, puedes preguntarle: "*¿Puedes enseñarme dónde está la pelota?*".

Más Vale Tarde Que Nunca

Eres una madre poderosa y maravillosa. No te sientas abrumada por la información que hemos aprendido hasta ahora. Puede que no sepas cuánta influencia tienes actualmente sobre el desarrollo cerebral de tu hijo, pero créeme, la tienes. Tus acciones hablan más que tus palabras, con cada cosa que haces estás estimulando alguna parte del cerebro de tu hijo.

Sin duda, todos sabemos que tus hijos no pueden huir de los genes que les hayas podido transmitir. Nacen con ellos. Sin embargo, el entorno que les proporciones determinará si tu hijo estará a la altura de su potencial.

Antes, ¿sabías que el cerebro de un niño se desarrolla más desde el nacimiento hasta los cinco años que en cualquier otro momento de su vida? Imagino que algunas de ustedes suspiran y tienen ganas de rendirse porque su hijo ya ha cumplido los cinco años. Pensarán que ya es tarde. Por favor, no se rindan, ¡más vale tarde que nunca! Todavía hay esperanzas. ¡El desarrollo cerebral de tu hijo continuará hasta que sea un adulto joven!

Así que, si te sientes abatida porque crees que lo has dejado pasar, no más. Nuestros padres y madres nos criaron sin saber toda esta información, y salimos bien, así que la situación no es tan mala. No me malinterpretes. No estoy sugiriendo en absoluto que sigas los pasos de tus padres y críes a tu hijo exactamente como ellos lo hicieron.

Considera la diferencia cultural entre la época de nuestros padres y ahora. Las cosas son muy distintas. La gente solía tener familias numerosas con muchas interacciones y juegos. Pero ahora, la mayoría de las familias son pequeñas, a diferencia de antaño. Se necesita un enfoque diferente en la crianza de los hijos.

BETTER LATE THAN NEVER
MÁS VALE TARDE QUE NUNCA

CAPÍTULO 4

CONSTRUYENDO EL CEREBRO

"Los niños aprenden jugando. Más importante aún, en el juego, los niños aprenden a aprender".- O. Fred Donaldson

Ahora sabemos que el cerebro de un niño es un órgano maravilloso que empieza a desarrollarse en sus primeros años. Pero ¿cómo puedes asegurarte de que el cerebro de tu hijo esté bien desarrollado y sano, funcionando al máximo durante toda su vida?

Comparemos la construcción del cerebro de tu hijo con la construcción de una casa. Los cimientos de una casa son fundamentales. Es donde se apoyan todos los demás componentes. Si los cimientos son débiles, afectarán a toda la construcción. Esto puede hacer que la casa se derrumbe más adelante. Lo mismo ocurre con el cerebro de tu hijo. El desarrollo cerebral de sus primeros años es, en esencia, los cimientos de tu hijo, y tienes que construirla correctamente. Las cuatro paredes de nuestra casa de ejemplo representan el desarrollo emocional, social, cognitivo y físico de tus hijos. Cuando estas áreas están bien desarrolladas, también ayudan a que la casa se sostenga con seguridad.

Recuerda que una casa puede construirse con materiales como piedras, madera, ladrillos, pajas o barro. Estos distintos materiales tienen distintas resistencias, y algunos son más duraderos que otros. ¿Cuáles son los materiales duraderos que necesitas para construir el cerebro de tu hijo? ¡Experiencias! Los niños aprenden a través de las cosas que ven, tocan, oyen, huelen y saborean. Luego, utilizan esos mismos cinco sentidos para aprender de sus experiencias. Con cada experiencia repetida, la conexión en el cerebro se hace más fuerte, y tu hijo adquiere confianza y destrezas.

Aprendizaje A Través De La Experiencia

"Lo que no se usa, se pierde" es una frase que muchos de nosotros conocemos muy bien. Por desgracia, la expresión se aplica a muchas cosas, incluido el desarrollo cerebral.

Ya hemos hablado de cómo la primera infancia es un periodo en el que los niños experimentan un desarrollo cerebral masivo. Cuantos más estímulos experimenta un niño, más conexiones se forman entre las neuronas. Esto activas partes específicas del cerebro y refuerza las conexiones neuronales existentes. Con el tiempo, se eliminan las conexiones débiles o no utilizadas. Este aspecto del desarrollo cerebral se denomina poda sináptica. Es la forma que tiene el cerebro de eliminar las conexiones que ya no necesita.

¿Has intentado alguna vez dedicarte a la jardinería? Por ejemplo, quizá hayas cuidado de los arbustos y árboles frutales de tu jardín. Si es así, ya conoces el concepto de poda. Los jardineros lo hacen para fomentar un mejor crecimiento de las plantas y mejorar el sabor de los frutos.

La poda es esencial en el mundo de la jardinería para obtener resultados magníficos y saludables. Del mismo modo, tu cerebro poda sus neuronas para cultivar un cerebro sano.

Aquí tienes otro ejemplo: imagina que tu cerebro es una toma de corriente. ¿Qué crees que ocurrirá si enchufas demasiados aparatos a la vez? Probablemente sobrecargarán la toma de corriente, provocando un cortocircuito. Al igual que podas los árboles para que estén saludables, desenchufar los aparatos que no usas es beneficioso para la toma de corriente.

El mismo concepto se aplica al cerebro. La eliminación de las sinapsis viejas y débiles que ya no necesitas permite al cerebro ser eficiente a medida que envejeces y aprendes información compleja. Da espacio a conexiones de mayor calidad que apoyan funciones mentales complejas. Las sinapsis pueden reforzarse o debilitarse según la frecuencia con que se usen. Las que se usan con frecuencia se refuerzan, mientras que las que se usan menos se debilitan y, finalmente, se podan.

Poda

Cuando aprendes un nuevo idioma, los caminos neuronales que usas se fortalecen. Pero si dejas de aprender la lengua, tus conexiones responsables de esa función se desvanecerán, permitiendo que se usen otras. Esto no significa que no puedas volver a aprender una nueva lengua. Sólo significa que no será fácil como lo fue durante la infancia y la adolescencia.

Privar a los niños de cuidado emocional y social durante esta fase puede obstaculizar seriamente el proceso de desarrollo. Aquí es donde entras tú. Puedes influir en el desarrollo sano del cerebro y los procesos cognitivos de tu pequeño. Y lo mejor de todo, es que no necesitas equipos ni juguetes especiales para hacerlo. ¡Lo que tienes que hacer es más fácil de lo que crees!

Conexión en casa

Sabemos que el cerebro de tu hijo crece más deprisa en los primeros cinco años de su vida, y que sus primeras experiencias influyen en el desarrollo físico de su cerebro. Por eso debemos aprovechar al máximo este periodo y ayudar a desarrollar el cerebro de nuestros hijos. Todo empieza en casa.

Hazlo social

No hace falta romper la alcancía para comprar los juguetes más lujosos o hacer viajes caros para que tu relación sea especial. ¿Sabías que ya estás haciendo un trabajo fundamental simplemente interactuando con tu hijo? Sí, tus hijos aprenden mejor cuando interactúan contigo. Eres la persona más cercana a ellos. Confían en ti como su madre, así que probablemente creerán lo que les digas.

¿Cómo hacer que la relación con tu hijo sea social? Asegúrate de entablar una serie de interacciones con tu hijo, aunque sea un bebé o un niño pequeño. Con tantas cosas que hacer a diario, puede ser difícil dedicar tiempo a interacciones constantes. Intenta interactuar cuando realices distintas actividades con él. Por ejemplo, cuando cocines, puedes explicarles lo que estás haciendo mientras te mira. Por supuesto, de momento será demasiado pequeño para ayudar mucho, pero el objetivo es identificar oportunidades de interacción.

Crea rutinas

Cuando creas rutinas con tus hijos, les haces sentirse cómodos y seguros. Es más probable que los niños jueguen, aprendan cosas nuevas y exploren cuando saben lo que va a ocurrir, como ocurre cuando tienen una rutina. Intenta crear rituales cotidianos, aunque no puedas hacer ciertas cosas a la misma hora todos los días. Por ejemplo, puedes cantarle rimas a tu hijo cuando lo bañes. También puedes escuchar música tranquila y relajante mientras le lees un libro antes de dormir. Hay muchas otras rutinas divertidas que pueden hacer juntos, ¡cómo hacer ejercicio!

Sigue su iniciativa

¿Recuerdas lo entusiasmada que estabas cuando tus padres parecían interesarse por tus aviones de papel? ¿O aquellas veces que te animaban durante un evento deportivo en la escuela? Ahora, tus hijos necesitan el mismo (o incluso más) apoyo de tu parte. Cuando veas que tu hijo expresa interés por algo, asegúrate de seguir su iniciativa y mostrarle tu apoyo.

Siguiendo la iniciativa de tu hijo, aunque sólo sea durante unos minutos, fomentas su curiosidad y creas momentos de juego entre ustedes. A veces, te darás cuenta de que tu hijo no puede hacer todo solo. Permítele explorar por su cuenta y no te hagas cargo. Dejándoles "fracasar", estás apoyando su aprendizaje.

Como siempre digo, no hay madres perfectas en ningún lugar del mundo. Afortunadamente, tú no necesitas ser perfecta. Lo único que tienes que hacer es ser una buena madre. Ésa es la clave para moldear positivamente el proceso de desarrollo cerebral de tu hijo.

Por Qué Es Importante El Apego

El apego es un vínculo emocional profundo con tu hijo. Tu hijo está apegado a ti porque tú le proporcionas la mayor parte de sus cuidados.

¿Recuerdas esa fuerte conexión que sentiste con tu bebé inmediatamente después de nacer? Esa misma conexión que has sentido con tu hijo todo este tiempo, él también la ha sentido por ti. Este apego se produce a lo largo de todo su desarrollo.

El apego implica a dos personas. Mientras tú respondas a las necesidades de tu hijo, él responderá también a las tuyas. Con el tiempo, te darás cuenta de lo fácil que es consolarles y calmarles. Incluso desde la distancia, pueden reaccionar fácilmente. Puedes fomentar el apego acunándolo, sosteniéndolo en brazos y hablándole a menudo.

Tu bebé se apega cuando respondes a sus necesidades de forma cálida y constante. El apego se forma siempre que abrazas, alimentas, hablas o juegas con tu hijo. También se forma cuando sigues tu rutina diaria con tu bebé, cuidándole e interactuando con él de forma positiva.

Ten en cuenta que el apego puede ser una forma de seguridad o inseguridad, dependiendo de cómo atienda el cuidador principal las necesidades del niño. Pero para este libro, nos centraremos en el apego seguro y en por qué es importante construirlo con tu bebé.

Si durante el primer año de vida de tu hijo estás siempre disponible, le cuidas y respondes a sus necesidades, es probable que establezca un apego seguro. Aunque puede que no sea obvio en esta primera etapa, más adelante verás el impacto.

Cuando un bebé se siente abrumado, el cerebro desencadena la liberación de cortisol, la hormona del estrés. En ese momento, si respondes positivamente y tranquilizas al niño, eso reducirá la liberación hormonal y, por tanto, la sensación de estrés. Del mismo modo, las respuestas positivas y constantes de su cuidador principal enseñan al niño a aprender a regular sus emociones y su comportamiento.

Con el tiempo, se crearán vías neuronales que permitirán al niño calmarse automáticamente en momentos de estrés. Eventualmente, el niño aprenderá a calmarse cuando experimente emociones incómodas, como la ira y la decepción.

Ahora que entiendes por qué el apego es importante en el desarrollo del niño, ¿qué puedes hacer para favorecer un apego seguro entre tú y tu hijo? Supongamos que vas caminando con tu hijo de tres años por la calle y, de repente, tu hijo tropieza y se cae. ¿Cuál es tu primera reacción en cuanto oyes un grito? ¿Esperas a que el niño se levante por sí mismo, o lo levantas inmediatamente y compruebas si está bien?

He hecho esta pregunta a algunas madres y he recibido opiniones diferentes. Algunas madres dijeron que no ayudarían al niño a levantarse porque quieren que desarrolle su independencia. Pero esa reacción es un error. Todos los padres deben levantar rápidamente a sus hijos y ocuparse de ellos.

Tu respuesta inmediata les hace saber que pueden confiar en ti y depender de ti para sentirse cómodos y seguros. A medida que te vuelves más intuitiva a la hora de interpretar la forma que tiene tu bebé de comunicar sus necesidades, su apego se hace aún más fuerte.

Los bebés necesitan saber que estás ahí cuando están enfermos, angustiados o alterados. La mejor forma de demostrar a tu bebé que está seguro y cuidado es responder inmediatamente a sus llantos. Esto no significa que estés malcriando al niño. Es imposible malcriar a un bebé.

Para fomentar un apego seguro en tu hijo, puedes seguir los siguientes consejos:

- Sé cariñosa, atenta y constante.
- Responde inmediatamente a las necesidades físicas y emocionales del niño.
- Calma al niño en momentos de angustia
- Participa en juegos regularmente.
- Mantén un contacto físico positivo (abrazarlo, alzarlo, etc.).

Mitos y realidades sobre el apego seguro

Tener un apego seguro con tu hijo es esencial. Sin embargo, muchas madres malinterpretan este principio. No las culpo por su confusión, porque hay muchas opiniones contradictorias en Internet. Es difícil separar lo que es verdad de lo que no lo es. En esta sección, compartiré algunos mitos comunes sobre el apego.

Mito 1: "Me cuesta entender las señales de comunicación de mi hijo. No sé lo que quiere mi hijo, y eso significa que no podrá tener un apego seguro".

Realidad: Es imposible comprender las necesidades emocionales de tu bebé todo el tiempo. Mientras notes la desconexión e intentes solucionarla, el vínculo se fortalecerá. Para ello, carga y abraza a tu bebé cada vez que llore. Observa y escucha a tu bebé, permaneciendo sensible a lo que necesita. Al final conectarás mejor con tu hijo.

Mito 2: "Si respondo siempre a las necesidades de mis hijos los estoy malcriando".

Realidad: Cuanto más respondas a las necesidades de tu pequeño, menos "malcriado" será a medida que crezca. Tus respuestas inmediatas a sus necesidades te ayudarán a formar un vínculo fuerte con él y a crear confianza e independencia.

Mito 3: "El apego seguro es un proceso unidireccional que se centra en responder a las señales de mi hijo".

Realidad: Al contrario, el apego es un proceso bidireccional e interactivo en el que tu hijo lee tus señales y tú las suyas.

Mito 4: "Necesito un contacto físico constante con mi hijo para construir un apego seguro".

Realidad: Por supuesto, el contacto físico puede ser reconfortante para ti y para tu hijo. Sin embargo, esto no sugiere que toques o cargues constantemente a tu pequeño a lo largo del día para desarrollar un apego seguro. La comunicación no verbal, como las expresiones faciales, el contacto visual, el lenguaje corporal y el tono de voz, también pueden ayudar a crear un vínculo seguro.

Mito 5: "Si mi hijo desarrolla un apego seguro, siempre estará contento y no llorará".

Realidad: Los bebés sólo tienen una forma de comunicar sus sentimientos: llorando. Lo hacen cuando tienen hambre, están cansados o incómodos.

Lo hacen incluso cuando no saben cuáles son sus necesidades. Un niño con un vínculo seguro actuará igual. Se sentirá cómodo expresando sus necesidades y emociones de la mejor manera que conoce. Sin embargo, cuando un niño crece sin un apego seguro, puede ser introvertido y retraído contigo porque sabe que sus necesidades no serán satisfechas a pesar de sus gritos.

Al separar los mitos de la realidad, tendrás una idea más clara de los pasos que debes dar para fomentar un apego seguro.

En definitiva, el cerebro de un niño es asombroso y se desarrollará continuamente a lo largo de los años. Sin embargo, los primeros años son críticos. Los consejos ofrecidos en este capítulo te ayudarán a asegurarte de que tu hijo experimenta un desarrollo cerebral sano en esta época crucial. Estos consejos también te ayudarán a formar un apego seguro con tu hijo que le harán sentirse seguro en sus relaciones más adelante en la vida.

Todos somos padres imperfectos, y está perfectamente bien. los pequeños humanos necesitan conexión, no perfección. -L.R.KNOST

Tercera Parte

Disciplina Para Los Pequeños

La disciplina es hacer lo que sabes que DEBE hacerse, incluso cuando no quieres hacerlo.

CAPÍTULO 5

POR QUÉ LOS NIÑOS NO ESCUCHAN

"No te preocupes de que los niños nunca te escuchen; preocúpate de que siempre te estén observando"

- Robert Fulghum

Acabas de llegar a casa después de un largo día de trabajo. Lo único que quieres es comer y relajarte, ¡pero no puedes! Tu hijo ha dejado la ropa en el sofá en vez de ponerla en la cesta de la ropa sucia.

Hablaste con tu hijo de este problema no solo ayer, sino anteayer y la semana anterior. Ahora, tienes que volver a hablar de ello. ¿Qué haces esta vez? ¿Le gritas? ¿Tiras la ropa a la basura? Vale, esas reacciones son un poco exageradas.

No estás sola si has vivido esta situación o una parecida con tu hijo. Probablemente todas las madres han luchado alguna vez para convencer a sus hijos de que les hagan caso.

Mi hijo solía hacerme pasar por lo mismo. Llegaba a casa todos los días y encontraba un millón de cosas de las que quejarme: el grifo abierto, los platos sucios sobre la mesa y los libros esparcidos por el sofá. La lista era interminable. Yo estaba frustrada, y mi hijo también. Pedirle todos los días que mantuviera las cosas organizadas era muy agotador.

Tenía una tabla con imágenes coloridas de sus deberes pegada en su habitación. Pero esa estrategia no funcionó. Hice un esfuerzo adicional para repasar sus tareas con él todas las mañanas. Tampoco funcionó. Por mucho que le corrigiera, repetía los mismos errores.

Mis regaños me hacían sentir una mala madre, y las inseguridades comenzaron a invadirme. Probablemente mi hijo estaba cansado, y yo era la villana en su vida. No pasó mucho tiempo antes de que empezara a cuestionarme mis habilidades como madre. ¿Estaba haciendo algo mal? ¿Cuándo cometí mi primer error? Fueron necesarias varias semanas de autoevaluación y el apoyo constante de mi marido para que volviera a sentirme yo misma. Durante esas semanas, descubrí nuevas formas de conseguir que mi hijo me hiciera caso e hiciera lo que yo quería. Te contaré lo que descubrí.

Razones Por Las Que Los Niños No Escuchan

Los niños, aunque son mucho más jóvenes que sus padres, también son humanos. Tienen mente propia. Sienten el dolor y la frustración de que se les diga constantemente lo que tienen que hacer. Entonces,

¿por qué no nos escuchan la primera vez? ¿Por qué te hacen repetir tus peticiones una y otra vez?

¡Averigüémoslo!

Las siguientes son razones por las que parece que tu hijo no te escucha.

No te oyeron.

Al contrario de lo que piensan algunas madres, los niños son personas ocupadas. Sí, ocupadas, pero en un sentido distinto al de los adultos. Están atrapados en un mundo propio. Tienen sus propias cosas que hacer, desde los deberes hasta la hora de jugar o pasar el rato con los amigos.

Es probable que tu hijo no te escuche hablar si está distraído con los deberes o charlando con un amigo por teléfono. La próxima vez que sientas que tu hijo no te ha escuchado, no des por sentado que está siendo desafiante. Confirma que te han oído cuando hablabas.

No entendieron.

Una vez me di cuenta de que siempre que le daba instrucciones a mi hijo, asentía y decía "*Sí*". Luego, procedía a hacer algo distinto de lo que yo le pedía. Me di cuenta de que me había escuchado, pero simplemente había malinterpretado mis palabras.

Independientemente de la edad que tenga tu hijo -sea un bebé, un preadolescente o un adolescente-, no tiene tanta experiencia como tú.

No tienen los conocimientos que tú tienes, y puede resultarles difícil entender algunas tareas. Después de dar tus instrucciones, explica detalladamente lo que quieres que haga tu hijo. Por ejemplo, en vez de decir: *"Josh, quiero esta casa reluciente de limpia"*, di: *"Josh, quiero que quites el polvo de los muebles, laves los platos y barras antes de que vuelva del trabajo"*. De este modo, habrás explicado en detalle cada tarea que debe hacer y cómo debe hacerla.

No pudieron hacerlo.

Cuando das instrucciones a un niño, crees que puede realizar la tarea. Pero ¿y si realmente no puede? ¿Y si la tarea le resulta más difícil de lo que crees? Por ejemplo, imagina que le pides a tu hijo que vuelva a colocar la mesa de juegos en la esquina de la habitación cada vez que termine de jugar. Cada vez que se lo pides, no lo hace. Puede que veas su negligencia como una falta de respeto. Pero ¿y si la mesa pesa demasiado para moverla él solo? A veces, un niño no hace lo que le pides porque la tarea es más de lo que puede abarcar. Asegúrate de que tus instrucciones sean apropiadas para su edad.

No querían hacerlo.

Como he dicho antes, los niños tienen personalidad propia. Tienen actividades que les encanta realizar y actividades que odian. Lo más probable es que tu hijo no te haga caso si le has pedido que haga algo que no le interesa.

A nadie le gusta que le digan lo que tiene que hacer. ¡Ni siquiera a los niños! Imagínate en la siguiente situación. Has estado pensando en limpiar el baño. De repente, tu pareja te pide que lo hagas ya que estás allí mismo. Si eres como mucha gente, puedes pensar que tu pareja te está dando órdenes. La sola idea de que tu pareja haga esto es suficiente para irritarte. ¿Puedes ver ahora el punto de vista de tus hijos? Así que, por favor, no les grites ni les des órdenes. Si te vuelves demasiado exigente o controladora se pondrán a la defensiva. Siempre estarán en guardia frente a ti.

No quiero decir que dejes que tus hijos se salgan con la suya cuando se comporten mal. Está bien que los guíes y les enseñes a actuar con responsabilidad. Pero no ejerzas más control del necesario. ¡Dales un respiro! No des por sentado que son testarudos. Cuando se nieguen a hacer algo, intenta identificar la razón. Como ambas sabemos, su comportamiento es su forma de comunicarse.

Cómo Manejar El Comportamiento Irrespetuoso

Los comportamientos irrespetuosos de nuestros hijos, como ignorarnos, gritar, rechazar nuestras peticiones, discutir e insultar, pueden ser experiencias dolorosas para nosotras. Sin embargo, este comportamiento es tu llamada de atención. Es un recordatorio de que, como madre, debes tener el control de la situación y de que necesitas establecer límites. A continuación, hablaremos de cómo puedes manejar el comportamiento irrespetuoso de tus hijos.

1. Pasar por alto el comportamiento que busca llamar la atención

Como madre, puedes pensar: *"¿Por qué debería ignorar su comportamiento para llamar la atención? ¿No es dejar que se salgan con la suya?"*. La verdad es que no siempre puedes responder a todo lo que hace tu hijo. Si lo hicieras, te estresarías rápidamente. Lo más eficaz es seleccionar las cosas ante las que reaccionas. Por ejemplo, si le pides que deje el plato en la mesada de la cocina después de comer y pone los ojos en blanco, no reacciones. Entablar una lucha de poder con él significa que tardará más en cumplir lo que le has pedido. En lugar de eso, recuérdales las consecuencias de no recoger los platos. En cuanto a lo de poner los ojos en blanco, puedes abordarlo más tarde, cuando tu hijo y tú estén tranquilos.

Más tarde, puedes decirle: *"Has puesto los ojos en blanco cuando te he pedido que dejes el plato en la mesada después de comer. ¿Te has dado cuenta de que lo haces a menudo y de que ese comportamiento me lastima?"*. Hazle saber que es una falta de respeto y que te hace sentir mal. Luego, explícale las consecuencias de un comportamiento irrespetuoso.

2. Imponer consecuencias

A veces, las faltas de respeto de los niños pueden requerir consecuencias inmediatas. Ten en cuenta su edad y la gravedad de su ofensa para saber qué consecuencia aplicar. Cuando tu hijo de cinco años te grite, hazle saber inmediatamente que su acción no ha sido apropiada y dale la oportunidad de corregirla. Si no lo hace, puedes aplicarle una consecuencia. Puedes imponerle un tiempo fuera o restringirle el acceso al iPad o al televisor. También puedes decirle que no irá a jugar con otro niño, como habías planeado.

Las consecuencias adecuadas motivan realmente a tu hijo para que demuestre un buen comportamiento. Este método te devuelve el control y enseña a tu hijo a resolver problemas. Cuando se aplica eficazmente, este método también proporciona a tu hijo las habilidades necesarias para ser un adulto exitoso.

3. Emplear declaraciones "Cuando/Entonces"

¿No crees que todos queremos ganar privilegios en la vida? En el trabajo, muchas de nosotras nos esforzamos por hacer lo mejor cuando sabemos que hay algo en juego, como un ascenso o un bono. Apliquemos el mismo incentivo a nuestros hijos. En lugar de dar largas charlas a tus hijos sobre lo que pueden y no pueden hacer, centrémonos en alentarlos a cambiar su comportamiento usando declaraciones de "cuando/entonces". Por ejemplo, puedes decir: *"Cuando me permitas terminar mis tareas, entonces podré ir a la sala de estar para averiguar por qué la televisión no enciende"*. Di esto en lugar de algo como: *"Te daré una nalgada si no me permites concentrarme y terminar mis tareas"*.

Habla con tu hijo tranquilamente en lugar de levantar la voz. Háblale sobre la importancia de ser amable y educado. La idea es darle a tu hijo la oportunidad de cambiar su comportamiento.

4. Aplicar la restitución

Puedes utilizar la restitución para alentar a un niño irrespetuoso a no volver a repetir el comportamiento. La restitución es algo agradable que se proporciona para compensar cualquier daño que hayan causado. Por ejemplo, si tu hijo lastima a su hermano, puedes hacer que haga algo agradable para la persona a la que lastimó. O si te falta el respeto, su restitución podría ser hacer deberes para ti.

Haz que tu hijo sepa que simplemente decir *"lo siento"*, no siempre solucionará las cosas. En su lugar, deben aprender a responsabilizarse de sus acciones. La restitución los llevará a asumir la responsabilidad y trabajar para reparar la relación.

Entiendo que puede ser desafiante lidiar con las acciones irrespetuosas de tu hijo. A veces, puedes intentar todo lo que se te ocurra y aún no ver cambios. Pero también necesitas saber que la consistencia es clave. Incluso si enfrentas contratiempos, ten paciencia con el proceso mientras alientas un cambio positivo.

Consejos Para Una Mejor Comunicación

Dadas nuestras apretadas agendas, como madres, tendemos a mantener conversaciones ligeras con nuestros hijos. A menudo hacemos esto porque queremos pasar rápidamente a la siguiente tarea en nuestra lista de cosas por hacer. Hay momentos en los que hablar de manera informal está bien, pero también hay momentos en los que tu hijo quiere que te enfoques en él y le prestes más atención.

Aquí tienes cuatro consejos para ayudarte a comunicarte mejor cuando tu hijo necesita tu atención completa.

Evita preguntas que llevan a un callejón sin salida.

"¿Cómo estuvo tu día?"

— *"Bien".*

"¿Qué aprendiste hoy?"

— *"Nada".*

"¿Con quién jugaste durante el recreo?"

— *"Con nadie".*

¿Te suena familiar esta conversación entre una madre y un hijo? Si es así, ahora sabes que necesitas formular mejores preguntas para hacerles a tus hijos después de la escuela. Ponte en su lugar. Por ejemplo, imagina que después de un largo día de trabajo, alguien te pregunta: *"¿Cómo estuvo tu día?"* Probablemente responderás con una respuesta breve, como *"Bien"*. ¿Por qué esperas una respuesta diferente de tu hijo?

Entiendo que, como madres, podemos tener una vida ocupada y agotadora. Es difícil encontrar tiempo para ser creativa y hacer preguntas que los niños encuentren significativas. No es fácil idear preguntas únicas e interesantes de inmediato porque estamos acostumbradas a recurrir a preguntas tediosas y obvias. Sin embargo, al hacer preguntas a tu hijo, intenta hacerlas más específicas y atractivas. Las preguntas desafiarán su cerebro y les darán una dirección para responder.

Si preguntas: *"¿Cómo estuvo tu día?"*, es probable que tu hijo diga *"Bien"* o *"Bueno"*. Y la conversación terminará ahí. Es mejor hacer preguntas originales y abiertas apropiadas para la edad de tu hijo. Lograrás que se abran y tengan discusiones significativas.

¿Qué son las preguntas abiertas? Son preguntas que no pueden ser respondidas con un simple *"sí"* o *"no"*. En cambio, requieren que la persona que responde elabore su respuesta.

Mamá: *"¿Terminaste tu tarea?"*

Hijo: *"No"*.

Mamá: *"¿Qué? ¿Por qué no?"* (Con tono molesto)

Espero que esta reacción no sea la que tengas. El hijo dio su respuesta honesta a la pregunta que su mamá hizo. Aunque dijo la verdad, en casos como este, a menudo nos enojamos porque no es la respuesta que esperamos o deseamos. Pero observa nuevamente la pregunta. Era una pregunta que *solo* podía ser respondida con un sí o un no. Y la reacción de la mamá fue mucho más intensa de lo que la pregunta ameritaba.

¿Qué tal esta pregunta en su lugar?

Mamá: *"Escuché que tienes mucha tarea hoy. ¿Cómo va tu tarea?"*

Hijo: *"He hecho la mitad, y la terminaré después de comer mi merienda."*

Mamá: *"Genial. Avísame si necesitas ayuda."*

Hijo: *"¡Seguro, gracias!"*

Esta pregunta requiere un poco más de explicación, no solo un sí o un no. Dependiendo de la pregunta exacta que hagas a tu hijo, él tendrá una respuesta diferente. Ten en cuenta que, si te enojas rápidamente, es posible que tu hijo mienta para evitar ser regañado. ¡Esperemos que eso no suceda!

Encontré algunas preguntas divertidas para mantenerte a ti y a tu hijo comprometidos en una conversación durante más tiempo. Por supuesto, tus preguntas deben ser apropiadas para la edad y la situación. Aquí tienes algunos ejemplos que puedes usar para hablar con niños en edad escolar:

- *¿Alguien te hizo sentir molesto/feliz hoy? ¿Alguien causó problemas durante la clase?*
- *¿Quién llevó una comida deliciosa a su almuerzo hoy? ¿Qué era?*
- *Si pudieras tener un superpoder, ¿qué harías en clase?*
- *¿De qué otras formas dirigirías la clase si fueras el profesor? Si pudieras crear una regla para la clase, ¿cuál sería?*
- *Si pudieras enseñar cualquier materia, ¿cuál sería?*
- *¿Cuál fue la cosa más divertida que te sucedió hoy?*
- *Si pudieras cambiar algo en tu día, ¿qué sería?*

- *Si pudieras ser invisible por un día, ¿qué harías?*
- *¿Cuál es la palabra más divertida que conoces?*
- *¿Cuáles son las 5 palabras que crees que mejor te describen?*

Incluso cuando hagas buenas preguntas, tu hijo podría responder con respuestas rápidas. Si experimentas esto, no te desanimes. Recuerda que Roma no se construyó en un día. Al igual que la mayoría de las cosas en la vida, es un proceso que lleva tiempo. Continúa practicando tus estilos de pregunta con ellos y verás que se involucrarán más a medida que pase el tiempo.

No les des sermones

Cuando dices cosas como *"Deja de ser tan desordenado"*, *"Siempre haces esto"* y *"Nunca recoges tu ropa"*, estás dando un sermón. Los sermones brindan información innecesaria que refuerza los sentimientos negativos de tu hijo hacia sí mismos. ¡Las madres tienden a convertir una respuesta de diez segundos en un sermón de veinte minutos! Esto es gracioso porque nunca hace ningún bien.

Cuando das un sermón a tu hijo, le dificultas escucharte. Eventualmente, su mente bloqueará tu voz. Esto significa que comenzará a ignorarte, pondrá sus ojos en blanco o hablará de vuelta. Existe una buena posibilidad de que incluso siga actuando de la manera que no deseas.

Por mucho que quieras sacar todo lo que tienes en mente, ¡no lo hagas! Mantén la calma y mantén la compostura. Sé lo más breve posible al hablar con tus hijos. De esta manera, ¡no tendrán tiempo para ignorarte!

Sé simple y breve

Repetir tus instrucciones te hace sonar como una mamá regañona. Pareces un disco rayado que repite lo mismo una y otra vez. No proporcionas nueva información. ¡Siempre la misma historia!

Si puedes convencer a tus hijos de que laven los platos con solo tres palabras, hazlo. No necesitas contar una historia sobre cuán joven eras cuando comenzaste a lavar los platos. Tampoco necesitas contarles a tus hijos cómo eras la única en tu familia que lavaba los platos. ¡A tus hijos simplemente no les importa esa información! Hablar demasiado da la impresión de que no estás seguro de lo que dirás a continuación.

La mejor manera de hablar es poner tu punto clave en la primera oración. Mantén todo lo más breve posible, incluida la forma en que deseas que se realice una tarea. Recuerda, una sola palabra o dos significa más que una conferencia.

Sé consciente de lo que dices

Como madres, somos conscientes de cómo nuestros hijos se comunican y reaccionan con los demás. Los corregimos según sea necesario y nos aseguramos de que se comporten con educación. Sin embargo, no siempre somos conscientes de nuestras palabras. A menudo hablamos de manera desagradable y reprendemos a nuestros hijos sin piedad.

"No haces nada bien". "Eres tan perezoso".

"Siempre fallas tus exámenes".

¿Alguna vez has dicho estas palabras a tus hijos? Es fácil dejarnos llevar por nuestras emociones cuando estamos enojadas. Nos enfurecemos tanto que decimos palabras hirientes a nuestros hijos.

Aunque estas palabras se dicen en el calor del momento, tus palabras podrían dejar cicatrices en tus hijos para siempre. Tu hijo podría desmoralizarse y comenzar a desarrollar pensamientos limitantes como *"Tal vez soy un perdedor"* o *"Nunca puedo hacer nada bien"*.

Cuando un niño comete un error, es importante ayudarlo a entender que hizo algo mal, pero eso no significa que sean malos. Es natural que los niños se sientan culpables o avergonzados cuando cometen un error, pero es importante ayudarlos a separar su comportamiento de su autoestima.

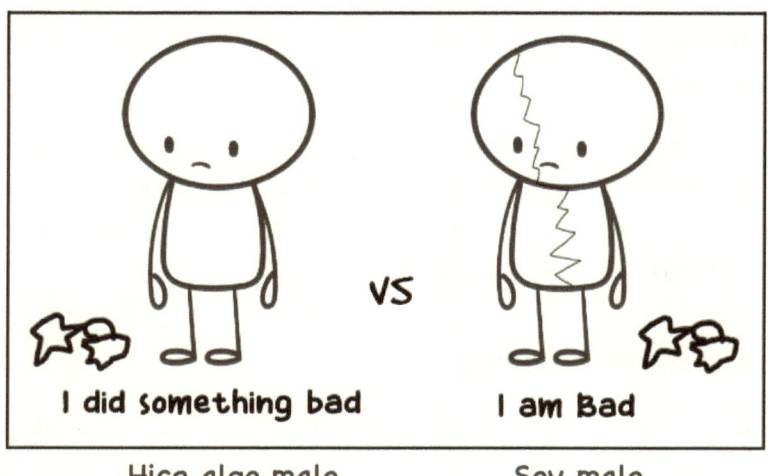

Hice algo malo   Soy malo

Intenta evitar etiquetarlo como "malo" o "bueno" en función de su comportamiento. Céntrate en el comportamiento en sí y en cómo pueden mejorarlo. Por ejemplo, en lugar de decir "eres un niño malo por golpear a tu hermano", puedes decir "golpear a tu hermano no está bien, vamos a hablar de cómo puedes manejar tu ira de otra manera". Esto les ayuda a entender que lo que tiene que cambiar es su comportamiento, no su autoconcepto.

Sé amable con tu hijo. Haz que tu voz suene suave y calmada, aunque estés corrigiendo un "mal" comportamiento. Te querrán más cuando les muestres respeto y amabilidad.

Por último, decir "*por favor*" y "*gracias*" no es algo que sólo deban decir los jóvenes. Utiliza estas palabras con tus hijos y deja claro que esperas que ellos las utilicen del mismo modo. Habrá una mayor conexión entre tú y tu hijo cuando aprendan a tratarse con respeto y cariño.

La lengua no tiene huesos, pero es lo bastante fuerte como para romper un corazón.
Así que ten cuidado con tus palabras.

The tongue has no bones, but it is strong enough to break a heart.
So be careful with your words.

CAPÍTULO 6

TU CASA, ¿TUS REGLAS?

"Sin mis hijos, mi casa estaría limpia, mi cartera estaría llena, pero mi corazón estaría vacío" – Anónimo

Las reglas de tu casa no tienen por qué ser las mismas que las de tu vecina o las de la amiga de tu madre. Por ejemplo, mientras que a tu hermana le parece bien que sus hijos correteen por la casa y salten en el sofá, tú no lo permites en tu casa.

O tal vez, mientras que a la abuela no le parece bien que tus hijos utilicen dispositivos en la mesa, a ti no te supone ningún problema.

Es fundamental que establezcas una serie de reglas en tu casa para que tus hijos sepan lo que está permitido y lo que no. Al establecer normas o reglas, pretendes reducir los malos comportamientos y fomentar la consistencia con disciplina.

Establecer reglas para tus hijos puede ser más complicado de lo que crees. Si pones demasiadas reglas, te encontrarás con demasiadas luchas de poder. Es entonces cuando tus hijos se ponen rebeldes y empezarás a escuchar: *"¡No! No quiero hacer eso, mamá"*. También puede llevar a que las madres parezcan autoritarias dando órdenes a sus hijos todo el día para que hagan lo que ellas quieren.

Pero, ¿podemos como madres sobrevivir con una crianza gentil y sin reglas? Imagina un mundo sin normas de tráfico. Todos conduciríamos caóticamente. Sé que este ejemplo suena extremo, pero el objetivo es señalar lo importante que es tener normas en casa. Las reglas se establecen para evitar que ocurra algo riesgoso o malo. Sin reglas, nuestros hijos pueden desbocarse, volvernos locas, hacerse daño y frustrarnos. Entonces, ¿cómo puedes crear un equilibrio sin ser demasiado estricta ni demasiado permisiva con tus hijos? En eso nos centraremos en este capítulo. Hablaremos de cómo puedes caminar por esa fina línea de mantener a tus hijos cerca, pero conseguir que sigan tus reglas.

Empecemos por el primer paso.

Conocer Las Normas

¿Cuáles son tus reglas? Ahora es el mejor momento para identificar y definir tus reglas. Si tus hijos son pequeños o están en edad preescolar, puedes empezar estableciendo sólo una o dos reglas. Son demasiado pequeños para recordar muchas más. Empieza por las que puedan recordar y dales la oportunidad de aprenderlas antes de añadir otras.

Evita también crear reglas poco claras. Por ejemplo, cuando dices *"¡Sé bueno!"*, esta instrucción puede significar cosas distintas para cada niño. Por qué no ser más clara diciendo cosas como:

"No interrumpas cuando alguien está hablando. Espera tu turno para hablar".

"Dile siempre la verdad a mamá".

"No saltes sobre los muebles. Son para sentarse". "No grites en casa. Usa una voz más suave".

Los comportamientos que resulten inaceptables para ti deben decirse claramente. Por ejemplo, en vez de decir: *"No seas maleducado ni hagas trampas"*, puedes decir: *"Espera siempre tu turno cuando jueguen juntos"*.

A medida que tus hijos crezcan, no estarán siempre en casa o en la guardería. Empezarán a explorar otros lugares donde habrá reglas diferentes. No siempre estarás a su disposición para ayudarlos. Es tan importante respetar las reglas fuera de casa como hacerlo en casa. La buena noticia es que si les enseñas a seguir las reglas en casa, les resultará más fácil hacer lo mismo en otros sitios.

Las reglas de tu casa no tienen por qué ser duras ni complicadas. Sin embargo, recuerda siempre que hay que seguirlas porque son las que guiarán a tu hijo más adelante. Las reglas les ayudarán a saber qué pueden esperar de su entorno mientras se desenvuelven por el mundo. Cuando crecen siguiendo buenas reglas, se convertirán en adultos disciplinados.

Asegúrate de que las reglas que establezcas sean realistas. Por ejemplo, no esperes que un niño pequeño haga cosas pensadas para niños mayores. Por ejemplo, a un niño de tres años le puede resultar difícil quedarse en la cama cada mañana o recoger la mesa después de comer. Establece normas adecuadas a la edad de tu hijo.

Ten en cuenta que las reglas deben aplicarse a todos los habitantes de la casa, incluso a ti. ¡Sí, a ti! Cuando establezcas reglas para limitar el tiempo de televisión, no digas: "*Prohibido ver la tele después de las 7 de la tarde*", a menos que tú también pienses dejar de verla a esa hora.

Predica con el ejemplo y establece reglas específicas para las necesidades de tu familia.

Si aún no has establecido las reglas familiares, tómate un minuto para pensar cómo quieres que sean. Aquí tienes tres sugerencias:

1. Mantente a salvo y protege a los demás.

Los niños son muy aventureros. Siempre se meten en líos. Tienen la manía de hacerse daño jugando con cosas calientes, tirando objetos punzantes y trepando a alturas peligrosas. ¿Pero podemos culparlos? Aún están aprendiendo a desenvolverse en el mundo y necesitan que los guíes. ¡Aquí es donde entran en juego las reglas de seguridad!

Al establecer reglas de seguridad, mantendrás a raya a tus hijos cuando jueguen con sus hermanos. También les ayudará a mantenerse seguros con los adultos, las mascotas, los compañeros de clase y los amigos. Enséñale a estar alerta y a tomar la iniciativa en situaciones desconocidas. De este modo, podrá mantenerse a salvo incluso cuando no estés presente. Por ejemplo, es importante que les digas que nunca den sus datos personales a desconocidos. Nunca deben permitir que nadie les toque sus partes íntimas y siempre deben informarte si ocurre algo así.

2. Respetar a los demás y a su propiedad.

Puede que me esté haciendo vieja, pero parece que los niños de antes tenían más modales y respeto por la gente que los de hoy en día. Pero, claro, nosotras no teníamos acceso a lo que ellos tenían entonces.

Aun así, mis padres se aseguraron de enseñarme a ser respetuosa, educada y a tener modales. Era una prioridad.

No importa si un miembro de la familia es mayor o menor; respetar a todos los miembros de la familia es una norma innegociable. Insultar, contestar, irse groseramente, dar portazos y lanzar objetos con rabia, es una falta de respeto y debe ser desaprobada.

Enséñale a no hacer daño a nadie ni empujándole, dándole patadas o pegándole. Debe pedir siempre permiso para tomar prestadas las pertenencias de otras personas. Por último, no deben herir los sentimientos de nadie insultando, gritando o menospreciando a nadie.

3. Seguir instrucciones para crear reglas estables.

Los niños pueden ser dramáticos. A menudo conocen las reglas pero no las cumplen. Tu hijo no siempre estará de acuerdo con tus decisiones. Establece claramente las reglas para crear normas claras. Por ejemplo, puedes decir: "*Quítate los zapatos antes de entrar en casa*", "*Haz la cama antes de ir al colegio*" o "*Lávate los dientes dos veces al día*". Puedes explicar a tus hijos por qué es bueno seguir estas normas explicándoles el razonamiento que las sustenta.

Por mucho que te molestes con tu hijo, no le grites ni le hagas sentir avergonzado. Explícale lo que se espera de él y que sólo quieres ayudarlo.

En cuanto a las reglas relativas a los aparatos electrónicos, fija una hora de desconexión antes de que tu hijo se vaya a la cama. Una hora de desconexión de la pantalla les ayuda a establecer una buena rutina de sueño. Sin embargo, mientras algunas familias limitan el tiempo de pantalla a una hora al día, otras permiten que la tele esté encendida más tiempo, pero que se apague a determinadas horas. Todo depende de lo que te funcione a ti.

No olvides hacer un seguimiento de los progresos de tu hijo en el cumplimiento de tus reglas. Crea ayudas visuales que mejoren su comprensión.

Método 1-2-3

Una cosa es poner reglas y otra es hacer que se cumplan. Puedes utilizar el método 1-2-3 para asegurarte de que tus hijos sigan tus normas. Es una técnica sencilla que puedes empezar a utilizar hoy mismo.

El "1" representa la primera advertencia. Por ejemplo, si observas que los juguetes de tus hijos no están guardados, puedes decir: "*Necesito que recojas tus juguetes después de jugar con ellos*". Deja unos minutos para que tu hijo reflexione y cumpla tus reglas.

El "2" representa la segunda advertencia, pero esta vez va acompañada de una consecuencia. Por ejemplo, puedes decirle: "*Te repito que tienes que recoger tus juguetes después de jugar con ellos. Si siguen ahí en 3 minutos, no te dejaré jugar con ellos durante una semana*".

El "3" es tu última advertencia. Es otro recordatorio de las consecuencias. Si tu hijo cumple las reglas, dale las gracias por hacerlo bien. La próxima vez estará más dispuesto a cooperar. Si, al cabo de un rato, tu hijo sigue despreocupado y sus juguetes siguen por todas partes, puedes recogerlos tú misma. Guárdalos tranquilamente sin hacer escándalo.

Si tu hijo te falta el respeto, dice palabrotas o insulta a la gente, puedes hacerle dos advertencias y establecer consecuencias para él. Por ejemplo, tu hijo podría perder una hora de tiempo de uso de aparatos electrónicos tras las dos advertencias.

Ten en cuenta que los comportamientos relacionados con la seguridad, como ser agresivo físicamente, no necesitan dos advertencias antes de tomar medidas. Por ejemplo, si se da una situación en la que tu hijo hace daño a sus hermanos o te tira cosas, puedes darle un tiempo fuera y hacerle perder todo el tiempo de uso de aparatos electrónicos de ese día.

Presta atención a los comportamientos que no necesitan tu respuesta. Los lloriqueos y las quejas son comportamientos que puedes ignorar y a los que no debes responder. Pueden considerarse una forma de "postergar" o de evitar hacer una tarea determinada. Sin embargo, si el comportamiento no se resuelve por sí solo y se intensifica hasta convertirse en algo más grave, es posible que tengas que apartar a tu hijo de ese entorno. Evita la situación hasta que pase la tormenta. Puedes decirle: "*Sé lo disgustado que te sientes porque no te doy tu merienda favorita. Bueno, no es una elección, y tu mal comportamiento afecta a todos aquí. Vamos a dar un paseo*".

Recuerda que la estrategia 1-2-3 puede aplicarse hablando lo menos posible. Ya aprendimos en el capítulo anterior que sermonear no ayuda. No exageres ni te emociones demasiado por las reacciones de tu hijo. Con el método 1-2-3, les estás dando a elegir tres veces con un tono cálido y tranquilo. Elijan la opción que elijan, entenderán que el resultado es su responsabilidad, aunque no les guste. Al cabo de un tiempo, entenderán lo que significa seguir las normas, lo que significa incumplirlas y cómo pueden ser responsables.

Aunque el método 1-2-3 puede ser eficaz para algunos niños, es posible que no funcione para todos los niños o en todas las situaciones, dependiendo de una serie de factores, como la edad y el temperamento del niño, la coherencia y la claridad de las instrucciones dadas. Es importante tener en cuenta que no hay una única técnica disciplinaria que funcione para todos los niños o familias, y que puede ser necesario probar diferentes métodos o buscar apoyo o recursos adicionales. Por lo tanto, no te sientas mal si esto no funciona.

Por último, a la hora de dar una advertencia, se puede empezar por fijar unas expectativas claras y explicar al niño lo que se espera de él. Digamos que uno de los padres quiere que su hijo limpie su habitación con regularidad. En primer lugar, no esperes que la habitación esté reluciente de limpia, y en lugar de decirle "limpia tu habitación", dale instrucciones claras como "coloca los libros en la estantería y los juguetes en el juguetero, y vacía la papelera. Si algo se cae al suelo, recógelo y ponlo en su sitio".

Una vez que el niño entienda lo que se espera de él, puedes elogiarle cuando limpie su habitación por sí solo, recompensarle por limpiarla constantemente o simplemente agradecerle su esfuerzo.

Si el niño no cumple con lo que se espera de él, puedes imponerle una consecuencia que ya se haya discutido con él, como no jugar videojuegos durante dos días, no utilizar aparatos electrónicos durante un día o realizar un deber extra.

Es normal que los niños se salten las reglas y pongan a prueba tus límites. Si lo hacen, no te decepciones ni te rindas. Como siempre digo, son sólo niños. Van a comportarse como niños, así que no seas tan dura con ellos. Por otro lado, si tus hijos se oponen y se saltan las reglas, aplica las consecuencias. Así les enseñarás lo importante que es obedecer las reglas.

CAPÍTULO 7

DISCIPLINA POSITIVA

"Los niños te escucharán cuando se sientan escuchados"
- Dra. Jane Nelson

La vida puede ser a veces como un gran experimento científico para nuestros curiosos pequeños. Están en todas partes, husmeando y ansiosos por saberlo todo. Pero, no siempre podemos permitirles husmear y curiosear todo lo que existe. Tenemos que estar alerta y mantenerlos alejados de los problemas.

Los niños mayores también son inocentes e ingenuos, y cuidar de ellos puede ser una tarea abrumadora. Un minuto están gritando a todo pulmón; al siguiente, te despiertan a las 3 de la mañana, piden agua, manchan su ropa recién estrenada y hacen todo tipo de cosas que te ponen los nervios de punta. Pero, ¿podemos culparlos? Sólo son niños. Sin embargo, ¿y si siguen con esos malos comportamientos, como meterse en tu estuche de maquillaje, salpicar agua del cuenco del perro y morder todo lo que ven? No debes dejar que se salgan con la suya.

¿Cuál es tu mejor método disciplinario?

Conviene recordar que no hay niños malos, sino malos comportamientos.

Tanto si te enfrentas a un niño travieso como a un chiquillo gritón, nunca debes ser extremista con los castigos ni recurrir a la violencia física. Esto sólo dará resultado a corto plazo y nunca generará una solución duradera.

Permíteme presentarte una forma de tratar a tus hijos. ¿Has oído hablar de la crianza respetuosa? Si es así, ¿qué opinas? ¿Has probado utilizarla?

La crianza respetuosa es sencilla. Consiste simplemente en tratar a tus hijos como el pequeño conjunto de alegrías que son. Con la crianza respetuosa, no humillas a tus hijos porque quieren algo de ti ni les regañas porque han desordenado el salón. No los comparas con los hijos del vecino porque hayan roto tu florero favorito, ni les das largos sermones sobre cómo te trataban a ti cuando eras niña.

No son más que excusas y refuerzos negativos que muchas madres utilizan para controlar a sus hijos. Con una crianza respetuosa, puedes ayudar a tus hijos a no meterse en líos. Es más probable que te hagan caso y sus espíritus no se verán aplastados.

Si La Disciplina Positiva No Funciona

¿Sientes que la disciplina positiva no funciona? ¿Acaso crees que puedes criar a tu hijo sin levantarle la voz ni castigarlo? Tal vez no has sido más que dulce con tus hijos y, sin embargo, aun así, te tienen aterrorizada. Entonces, has llegado a la conclusión de que la disciplina positiva no es para ti.

He oído a madres que creen haber practicado la disciplina positiva quejarse del método, diciendo que no funciona por mucho que lo intenten. Los niños se vuelven destructivos, agresivos y desafiantes. Por desgracia, también he oído historias de niños de menos de cinco años que hieren intencionadamente a sus compañeros de preescolar y de otros que simplemente parecen enfadados en todo momento. Son como una bomba de relojería andante, a punto de explotar.

La pregunta habitual entre estas madres es: *"¿Cómo es posible que mi hijo actúe así a pesar de que utilizo un enfoque respetuoso y amable?"*.

Antes de ofrecer posibles soluciones, debo aclarar un concepto erróneo sobre la disciplina positiva. La disciplina positiva se centra en enseñar a los niños un comportamiento adecuado. Se disciplina con suavidad cuando se evita entrar en confrontación con el niño en lugar de reaccionar precipitadamente ante él. Por ejemplo, si tu hijo le pega a su hermano, no le devuelvas el golpe ni le impongas un castigo extremo. Tu hijo ni siquiera sabe la gravedad de lo que ha hecho. Lo correcto sería sentarte junto a él, tomarlo de la mano y mirarlo a los ojos. Dile con calma: *"No vuelvas a pegarle a tu hermano porque le duele mucho. Imagina que él te pegara a ti. ¿Cómo te sentirías? Tienes que proteger a tu hermano y no herirlo"*. De esta forma, estarás enseñándole a tu hijo a emplear palabras amables. También le estás enseñando a expresar sus sentimientos de forma socialmente adecuada.

La disciplina positiva no consiste en que tu hijo se salga con la suya en todo momento. Por supuesto, puedes ceder en cosas sencillas, pero enséñale una mejor forma de actuar cuando la cosa va en serio. Quizá te preguntes: *"¿Por qué todo parece tan fácil en teoría? ¿Funciona de verdad?"*. La verdad es que, aunque tu estrategia no funcione al principio, si utilizas el enfoque adecuado para volver a intentarlo, a la larga funcionará. Entiendo perfectamente tus dudas porque yo he pasado por lo mismo.

Conexión

La verdad es que los niños necesitan sentirse conectados contigo para que la crianza respetuosa tenga éxito. Aunque nos vienen a la mente las risas, los abrazos y las carreras por la hierba con nuestros hijos, también es fundamental mantener la conexión durante el establecimiento de los límites, aunque la situación no parezca cálida y agradable.

Puedes conectar con tu hijo de las siguientes maneras:

- **Hablando con él:** Cuando hables con él, asegúrate de expresarle tu mensaje con claridad y utilizar un lenguaje preciso. Por ejemplo, cuando no quieras que haga algo, puedes decirle: "*No quiero que hagas esto*" o "*No te dejaré hacer esto*". Este tipo de frases son las primeras que los niños necesitan oír cuando se portan mal. Pueden conectarte instantáneamente con el niño porque aclaran tus expectativas. Los niños se merecen respeto y una respuesta directa.

- **Reconociendo a tu hijo y empatizando con él:** A los niños les gusta que se tengan en cuenta sus puntos de vista. Quieren sentirse escuchados y reconocidos antes de que les pongas límites.

Sé que puede parecer fácil hacer estas cosas, pero echando la vista atrás, me da vergüenza confesar que no me resultaba fácil ni siquiera hablar con mi hijo. También me costaba reconocer su presencia y empatizar con él porque estaba muy acostumbrada a enojarme enseguida cuando mi hijo hacía algo malo. No había espacio en mi mente para hablar con mi hijo o comprender sus sentimientos.

Cómo Dejar De Gritarle A Tus Hijos

Si tienes una personalidad tempestuosa como la mía, probablemente pierdas los estribos con rapidez. Seguro que hay momentos en los que desearías haber reaccionado de otra manera.

Recuerdo que llegué a un punto en el que me sentía como una bala perdida. Le gritaba a mi hijo porque no podía controlar mi temperamento. Con el tiempo, descubrí que hablaba más fuerte cada vez que hablaba con mi hijo.

¿Cómo llegué a este punto? Buena pregunta.

Me alegro de haber aprendido a ser mejor madre. Aprendí a no justificar nunca mi enojo ni a desquitarme con mi adorable hijo. Así que, si eres de las madres a las que les cuesta controlar su genio, te voy a enseñar cómo puedes controlarlo de forma eficaz y ser una mejor madre para tu pequeño.

Pero primero, esto es lo que pienso sobre la ira. Creo que la ira es algo natural. Como seres humanos, nos enojaremos en distintos momentos de nuestra vida, y tenemos derecho a sentir esa emoción.

¿Está bien sentirse enojada? Sí. Sentir rabia es aceptable. Pero *nunca* está bien perder el control de tu temperamento. Actuar con ira o perder el control de tus emociones y soltarlas sobre otra persona (probablemente la que te provocó) no está bien.

Puedes acabar dejando que esas emociones reprimidas se desborden hacia tus hijos cuando estás enojada, ¡y eso nunca es bueno!

Antes de pasar a las distintas estrategias que puedes utilizar para dejar de gritarle a tus hijos, permíteme aclarar algo rápidamente. Nunca pienses que gritar a los cuatro vientos, dar unos azotes o imponer castigos extremos va a frenar su mal comportamiento a largo plazo.

Estas acciones pueden limitar el mal comportamiento en el momento, pero no lo detendrán en el futuro. Utilizar medidas extremas enseñará a tus hijos que es aceptable que los mayores sean malos con los más pequeños. También les enseñará que está bien expresar la ira mediante la violencia. Las investigaciones revelan que medidas extremas como los gritos y las nalgadas pueden cambiar la estructura cerebral de un niño. Dudo que eso sea lo que quieres.

No descargues tu ira con tus hijos, por mucho que te enojes. En lugar de eso, utiliza estrategias eficaces.

Estrategias Para Controlar Tu Temperamento

Las siguientes son estrategias que te ayudarán a controlar tu temperamento para que la próxima vez que te enojes con tu hijo puedas manejar mejor la situación y sentirte orgullosa de ti misma.

1. Deja de gritar por pequeñeces

"¡Cierra la maldita puerta!"

"¡Suelta eso, y no toques mis cosas!".

"¡Hazlo ya!"

"¡No toques eso!"

"¡Devuélvelo!"

"¡Para ya!"

"¿Por qué no me escuchas?"

¿Alguna de estas exigencias te resulta familiar? ¿Te preocupas tanto por las pequeñas cosas que hacen tus hijos que tiendes a regañarlos constantemente?

A lo mejor siempre les dices que se sienten derechos en la mesa, que sujeten bien el tenedor o que limpien inmediatamente lo que se ha derramado. Pero, ¿es necesario que señales cada cosa durante la comida? Por supuesto, los modales en la mesa son importantes, pero lo único que quieren es disfrutar de la cena.

Lo que quiero decir con esto es que no necesitas llamar la atención cada vez que tu hijo se comporta de una manera que no te gusta. ¿Cuál es tu prioridad? ¿Tener una comida en familia agradable o una llena de quejas, lágrimas y reproches?

Aunque las acciones de tu hijo te pongan los pelos de punta, tienes que dejar pasar de las cosas pequeñas. No te alteres por pequeñeces.

Tu reacción y las palabras que utilizas cuando te enojas, son el resultado de tu temperamento y de cómo te han educado a ti. Aunque te cueste controlarte cuando te enojas, tienes que hacerlo. Busca formas de controlarte y elige cuidadosamente lo que dirás a continuación. No digas algo de lo que luego te arrepentirás. No es una habilidad fácil de aprender, pero debes hacerlo.

La mayoría de las veces, reaccionamos de una determinada manera porque pensamos que así llamaremos la atención de nuestros hijos, y que gritar es la única forma de hacerlo. Pero déjame preguntarte esto: Cuando le gritas a tus hijos, ¿cómo reaccionan? ¿Te escuchan y hacen inmediatamente lo que les pides? Lo dudo. No creo que tus gritos funcionen en esos casos.

Cuando se trata de problemas insignificantes, puedes dejarlos pasar. No tienes por qué sacarlos a relucir cada vez que ocurran. Fíjate también en el tono de voz que utilizas cuando hablas de un comportamiento. Recuerda que el tono de voz es muy importante. Habla con tus hijos con un tono de voz normal y tranquilo. Así, ellos te devolverán esa misma energía. Dejarán de responder con excusas cuando les llames la atención.

Queremos enseñarles a nuestros hijos que está bien que expresen sus emociones y sentimientos, pero que no está bien que griten, le peguen a los demás o destrocen cosas.

2. Utiliza afirmaciones y mantras de crianza

Las afirmaciones y los mantras pueden ayudarte a mantener el rumbo hacia tu objetivo. Ese objetivo es dejar de gritar y aprender a controlar tu temperamento.

Repetir una afirmación o un mantra en momentos determinados te ayudará a mantener la calma y a controlar tus emociones.

Yo suelo utilizar afirmaciones y mantras sobre todo por la mañana, después de la ducha. Hacer este ritual a una hora determinada te ayudará a grabar esas palabras y creencias en tu mente hasta que actúes inconscientemente en consecuencia.

Puedes ponerte delante del espejo, mirarte directamente frente a él y repetirte las afirmaciones. Después de hacerlo con regularidad, la acción se convertirá en rutina y te parecerá natural. Este proceso me ayudó mucho, y quiero que todas las madres que luchan contra su mal genio lo prueben.

Estas son algunas de las afirmaciones y mantras que utilizo antes de irme a la cama, antes de salir por la mañana y cuando mi hijo me saca de quicio. Estas afirmaciones me ayudan a encontrar la paz.

- *Puedo mantener la calma, se comporte como se comporte mi hijo.*

- *Mi hijo no me está haciendo pasar un mal momento. Mi hijo está pasando por un mal momento.*

- *Esta vez puedo reaccionar mejor.*

- *Soy una madre cariñosa.*

- *Quiero a mi/s hijo/s.*

- *Esto no es una emergencia.*

- *Es solo un niño.*

- *Soy una madre y ellos son sólo niños que actúan de acuerdo a su edad.*

- *No diré ni haré cosas de las que pueda arrepentirme más tarde.*

- *Quiero que mi hijo se sienta feliz, no asustado.*

3. Detente y respira hondo

A veces, simplemente necesitas detenerte un momento. Parar, inhalar y exhalar. Has oído hablar mucho de la respiración profunda y puede que te preguntes si funciona. *"¿Cómo puede el simple hecho de inspirar y exhalar hacerme sentir tranquila?"*, te estarás preguntarás.

Las investigaciones han demostrado que la respiración profunda puede ser una forma de terapia muy útil para calmar la mente.

En el momento en que te sientas alterada, en lugar de dejar que tu temperamento te abrume o decir palabras hirientes y tóxicas, redirige tu ira. Cuando me siento alterada, siempre respiro hondo y dejo salir el aire durante unos segundos. A veces, también aprieto mis puños mientras pienso en por qué me estoy enojando. También pienso en mi bebé cuando duerme plácidamente y en lo mucho que lo adoro. En ese momento, lo único que quiero es tomarlo en brazos, abrazarlo fuerte y besarlo.

Los ejercicios de respiración pueden frenar rápidamente el brote de tus emociones y calmar tu mal genio.

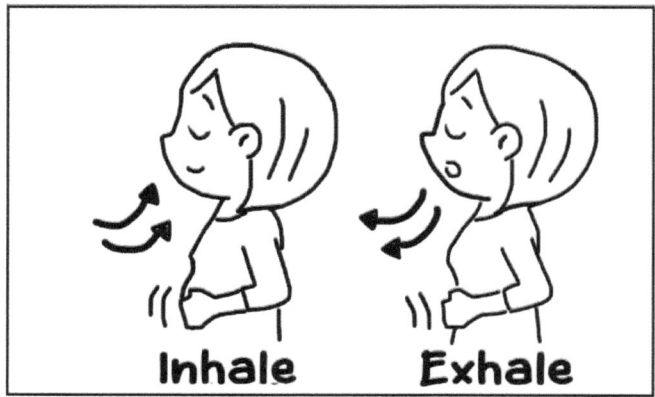

Si sigues sin calmarte después de respirar un poco, ¿qué te parece dar un paseo? En lugar de gritar: *"¡Necesito un descanso!"*, podrías decir: *"Ahora mismo estoy demasiado alterada. Necesito calmarme"*. También podrías recordar tus afirmaciones y mantras en este momento.

4. Reduce los detonantes

Intenta averiguar en qué momento te pones más nerviosa. Cuando mi hijo era pequeño, mi primer detonante era conseguir que se durmiera. Cuando empezó a ir al colegio, las mañanas entre semana se convirtieron en mi detonante. Siempre era una batalla, y gritar nunca ayudaba.

Los niños suelen reflejar lo que ven. Así que mantener la calma puede significar que ellos también la mantengan.

Probé estrategias para controlar mis detonantes. Por ejemplo, desperté a mi hijo con un beso y un abrazo. Le encantaba. Le hacía sentirse relajado y querido. También le ayudaba a hablarme suavemente, ya que se sentía bien por la mañana. Empecé a ver grandes cambios cuando empecé a practicar esta rutina matutina. Yo también experimenté menos detonantes a lo largo del día. Imagínate a tu pareja dándote besos y abrazos, diciéndote *"¡Gracias por todo lo que haces por nuestra familia!"* antes de ir a trabajar. ¿Cómo te sentirías? Seguro que empezarías el día con una gran sonrisa, ¿verdad?

Por último, dar a tus hijos la dirección correcta y suficiente afecto, hará que estén más dispuestos a escucharte. También reducirá los conflictos y ayudará a formar una mejor conexión con tus hijos. A veces puedes sentir la tentación de tratar a tus hijos como si fueran tus mejores amigos. Como madre, debes guiar y enseñar a sus hijos a medida que crecen. Disciplinarlos no significa que seas una mala madre. Más bien, les inculcas confianza. Las lecciones que aprendan de ti les ayudarán a desenvolverse en la vida.

Disciplinar a los niños es un proceso continuo que requiere trabajo de tu parte. Esfuérzate y, con el tiempo, ¡te sentirás orgullosa de tu joven campeón!

Cuarta Parte

Conexión

Los niños no necesitan cosas. Los niños necesitan
padres que pasen tiempo con ellos.

CAPÍTULO 8

CONÓCETE A TI MISMA

"Haz lo que puedas, con lo que tengas, donde estés".
- Theodore Roosevelt

¡Madres! Si me permiten la pregunta, ¿quiénes son ustedes exactamente? Sé que esta pregunta puede sonarles un poco extraña en este momento, pero es importante. Necesitarán una respuesta para comprender realmente el propósito de este capítulo. Permíteme que te pregunte de nuevo: ¿quién eres? ¿Qué te motiva? ¿Qué te enoja o qué te hace feliz? ¿Cuáles son tus fortalezas y debilidades?

Una vez que comprendas quién eres, podrás controlar eficazmente tus pensamientos, sentimientos y acciones hacia tus hijos. Tu personalidad encarna tus patrones de comportamiento, rasgos, intereses, actitudes, roles sociales y respuestas emocionales. Ahora que tienes hijos a tu cargo, es importante que te conozcas mejor.

Conociéndote a ti misma, te resultará más fácil averiguar qué cosas en ti tienes que corregir. Estarás menos ansiosa o estresada porque sabes dónde está el problema y cómo solucionarlo. Este capítulo se centrará en **ti**. Aprenderás a hacer una pausa, a verte de verdad y a saber qué clase de persona eres en realidad. Además, identificarás el tipo de madre que quieres ser. Saber esto te ayudará a determinar la orientación hacia tu bienestar emocional y tu estilo de crianza.

Empecemos por entenderte a ti misma como madre antes de sumergirnos en el tema de la conexión con tus hijos.

Compréndete Como Madre

Supongo que tenías muchas ideas preconcebidas cuando te enteraste de que esperabas un bebé. Ya tenías esperanzas y sueños sobre cómo querías que fueran tus hijos y cómo querías criarlos. Desgraciadamente, no todo en la vida suele salir según lo planeado. Hay cosas que se interponen en tus planes.

La crianza no es una cuestión de perfección, aunque queramos ser las mejores madres posibles. Nos dejamos cegar por nuestro pasado, nuestras luchas psicológicas y nuestras defensas emocionales. Estas cosas pueden influir en nuestro estilo de crianza y, sin saberlo, creamos un camino pedregoso para nuestros hijos cuando se supone que debemos facilitarles las cosas.

Como una madre que quiere criar niños sanos con un apego seguro debes mirar hacia dentro y comprenderte a ti misma. Tendrás que examinar tus creencias, tu mentalidad y tu propio estilo de apego. Cuando comprendas estas partes de ti y tu postura ante determinados temas, podrás dar más sentido a tu vida. Podrás reconciliarte con tu pasado y ayudar a tu hijo a crecer.

Desde el nacimiento hasta la infancia, tu subconsciente forma creencias sobre ti misma, sobre cómo ves a los demás y sobre el mundo que te rodea. Tus experiencias te enseñan cómo verte a ti misma. Harán que tu mente determine si te consideras buena o mala. Estas experiencias también formarán tus creencias sobre si mereces amor o si no lo mereces.

No podemos ignorar la carga emocional que puedas tener de tu pasado. Tienes resentimientos, dolor no sanado, pérdidas graves y miedos del pasado, y estos problemas siguen afectando a tu experiencia presente. Estas experiencias de la infancia han contribuido a formar tu mentalidad, tus creencias básicas y tus expectativas sobre quién eres y cómo te relacionas con tus hijos. Cuando no te conoces bien, puedes dejarte controlar por creencias obsoletas que afectan a tu forma de criar. En cambio, ser consciente de ti misma te permite tomar decisiones más saludables que te conecten mejor con tus hijos.

A medida que vayas tomando conciencia sobre ti, irás identificando tus detonantes. Debes saber qué es lo que te empuja y qué es lo que te hace estallar. No puedes evitar que ocurra, pero a menudo verás que los comportamientos y emociones de tu hijo desencadenan ciertos comportamientos y emociones en ti. A menudo, esos comportamientos ni siquiera son relevantes para la situación. Separa tus necesidades y sentimientos de la situación para poder responder adecuadamente.

La autorreflexión puede hacerte más consciente de tus pensamientos, sentimientos y comportamientos. ¿Cómo puedes reflexionar sobre ti misma como madre? Puedes empezar haciéndote las siguientes preguntas y escribiendo tus propias respuestas:

- *¿De dónde proceden las ideas que tengo sobre la crianza?*
- *¿Qué me gusta de mi estilo de crianza?*

- *¿Qué es lo que no me gusta de mi estilo de crianza?*
- *¿De dónde provienen mis expectativas sobre mis hijos?*
- *¿Qué me gustaría cambiar de mi estilo de crianza?*
- *¿Qué puedo hacer para cambiar mi estilo de crianza a medida que mi hijo crezca?*
- *¿Qué necesita mi hijo de mí en este momento que sea diferente de lo que yo necesitaba de mis padres cuando era niña?*

Las respuestas a estas preguntas te ayudarán a conocerte mejor y a saber cómo te desenvuelves como madre.

¿Eres una buena madre?

¿Cuál es tu idea de ser una buena madre? ¿Crees que ser una buena madre significa que tienes que estar con tus hijos 24 horas al día, 7 días a la semana? ¿Crees que significa que tienes que comprar toneladas de juguetes para tus hijos? ¿O que debes satisfacer todas las peticiones de tus hijos?

No sé cuál es tu definición de buena crianza, pero espero que tengas un rasgo que tus hijos quieran de ti. En general, una buena madre presta atención a su hijo. Una buena madre es aquella que no se limita a comprar presentes, sino que está **presente** con su hijo. Los niños quieren que te fijes en ellos. Quieren que les hagas sentirse queridos y deseados. Quieren que se te iluminen los ojos cuando están cerca de ti. No quieren sentir que te molestan todo el tiempo.

¿Conoces otros hábitos de una buena madre? Existen diferentes hábitos que se unen para convertirte en una buena madre. Estos son los siguientes:

1. Decirle a tu hijo que lo quieres

¿Qué mejor manera de hacer saber a tus hijos que los quieres que decírselo de verdad? No des por sentado que tus hijos saben lo que sientes por ellos sin demostrárselo con tus acciones y sin expresarlo. Los niños necesitan que les aseguren, les animen y les digan que los quieren. Siempre es bueno oírlo de su madre o su padre. Acostúmbrate a decirles siempre que los quieres. Diles cómo te hacen sentir.

Ten en cuenta que es importante que no confundas amor con cosas materiales. Muchas madres creen que han cumplido su papel comprando cosas materiales como ropa de moda, juguetes, los últimos sistemas de juego, bicicletas, etc. Por supuesto, hacer regalos puede ser una forma de demostrar cuánto te importan tus hijos, pero no es lo que realmente *necesitan*. Sí, desde el punto de vista de tus hijos, puede ser un detalle por tu parte regalarles esas cosas, pero no es el amor que buscan en última instancia.

> "Al final, los niños no recordarán el sofisticado juguete o juego que les compraste, sino el tiempo que pasaste con ellos" - Kevin Heath

Las muestras de afecto pueden incluir dejar el teléfono u otros dispositivos electrónicos para escuchar a tu hijo cuando necesita tu atención. Puede consistir en abrazar a tu hijo cuando te habla. También puede ser cumplir tu palabra cuando la das. Por ejemplo, si le dices a tu hijo que vas a estar en un sitio, asegúrate de no faltar ni llegar tarde. Sé puntual y cumple tu promesa. Lo mismo ocurre cuando prometes llevarles algo. Intenta siempre cumplir tus promesas.

Para las madres divorciadas que no tienen la custodia de sus hijos, entiendo que decirles que los quieres puede ser difícil. Aun así, te animo a que lo hagas siempre que tengas la oportunidad. No hace falta que los veas físicamente para comunicarte con ellos. Puedes hacerlo mediante llamadas telefónicas, videollamadas o un mensaje de texto rápido. El objetivo es mantener una conexión diaria con tu hijo haciéndole saber siempre lo que realmente sientes por él.

2. Involúcrate en la vida de tu hijo

Con tantas cosas que hacer cada día, no es de extrañar que nuestras vidas sean cada vez más ajetreadas. En muchas familias, ambos padres tienen que trabajar de 9 a 5. Es posible que no tengan ayuda con tareas como cocinar, fregar los platos, trapear, trabajar en el jardín, hacer las camas, etcétera. Hay tantas cosas que hacer que apenas tendrás tiempo para ti o para tu hijo. Tampoco es fácil para las madres que se quedan en casa. Insisto, hay tantas cosas que hacer que es probable que no puedas seguir el ritmo la mitad de las veces.

En medio de todo el caos, no olvides que tienes que ser responsable de tu hijo. Recuerda que tu hijo es pequeño y que no hay que dejarlo solo mucho tiempo. Por favor, no lo dejes solo. No se trata sólo de acudir a los actos escolares. ¿Participas plenamente en sus actividades? Aunque tienes que estar físicamente presente con tu hijo, tienes que hacer algo más. Debes participar en sus vidas y saber lo que hacen. Muchas madres creen que su trabajo está hecho cuando se limitan a comprar Legos, galletas o plastilina para sus hijos. Pero tus hijos quieren que jueguen *juntos* con Legos, horneen galletas *juntos* y utilicen plastilina *juntos* para hacer formas divertidas.

Sería estupendo que pudieras dedicar entre quince y treinta minutos al día a tu hijo. Dependiendo de lo que creas que funciona mejor para tu familia, este tiempo puede ser tan corto o tan largo como sea necesario.

Por favor, no lo sermonees, regañes o corrijas en estos momentos. Sólo intenta pasar un buen rato con tus hijos. Estos momentos, que no tienen precio, marcarán una gran diferencia en tu vida y en la de tu hijo. Tu hijo recordará esos momentos que has reservado para él. Por supuesto, todos sabemos que el tiempo pasa rápido. En este momento, tus hijos buscan tu atención, pero en un abrir y cerrar de ojos cumplirán cierta edad en la que ya no te necesitarán. Así que involúcrate ahora, cuando sea posible.

3. Sé coherente

¿Eres coherente con tus reglas y límites? ¿Tu "**sí**" significa "**sí**"? ¿Tu "**no**" significa "**no**"? Es curioso que todos sepamos que los niños necesitan reglas y límites, pero siempre encuentran la forma de saltárselos. Tus reglas son la base de los valores y las acciones de tus hijos; ellos dependen de ti para establecer límites sanos que hagan su mundo más comprensible.

Yo he sido culpable de dejar pasar los límites. Por ejemplo, tengo una regla que prohíbe a mi hijo utilizar el iPad después de las 8 de la noche (hora de acostarse). Sin embargo, cuando estaba ocupada con algo, solía dejarle usar el iPad un poco más para que se distrajera. De este modo, yo podía concentrarme en lo que estaba haciendo. Este vaivén de expectativas confundía a mi hijo. EL no sabía qué estaba permitido y qué no, porque el límite de tiempo cambiaba constantemente. Yo era inconsistente.

Las inconsistencias como la de este ejemplo pueden animar a los niños a probar lo que pueden o no pueden hacer. Como puedes imaginar, esto crea oportunidades para luchas de poder. Como resultado, ambos se estresarán y se sentirán frustrados.

Asegúrate de ser consistente y de respetar tus normas. De este modo, tus hijos podrán predecir cómo reaccionarás si se saltan las normas. Sabrán que harás lo que dices.

Al fin y al cabo, recuerda que no buscamos la perfección. Sólo queremos hacer las cosas que son humanamente posibles y, al mismo tiempo, ofrecer consistencia a nuestros hijos. Al mismo tiempo, debemos seguir las mismas reglas de comportamiento que hemos establecido para nuestros hijos. Nuestros hijos nos observan en todo momento y nos pueden llamar la atención cuando no somos consistentes.

4. Sé respetuosa con tus hijos

Los niños aún están creciendo y tienen poca experiencia en situaciones de la vida real. Pero cuando se trata de sus opiniones sobre ciertos temas, ¿ignoras sus ideas porque crees que son demasiado pequeños para opinar? Yo cometí el error de no respetar las necesidades de mi hijo, y espero que tú no hagas lo mismo.

Permíteme que te cuente rápidamente una de mis terribles anécdotas. Había una amiga de la familia con la que a veces quedaba para charlar. Mi hijo me dijo que no le interesaba pasar tiempo con la hija de mi amiga, aunque tenían la misma edad. Aunque yo sabía que a mi hijo no le caía muy bien, seguíamos visitando a la familia e invitándoles a casa muchas veces. Mi hijo lloraba y protestaba porque no quería ir a su casa ni que vinieran a la nuestra, pero a mí no me importaba. Ignoraba sus sentimientos y pensaba que estaba exagerando. No veía ninguna razón para su disgusto.

Pensándolo ahora, sé que mi hijo debió de sentirse miserable e impotente en aquel momento y, para colmo, a mí no me importó. Debería haber reconocido las emociones de mi hijo y haberlas respetado.

Tu respeto por tus hijos se hace evidente cuando les escuchas sin interrumpirles, incluso cuando sabes lo que quieren decir. Deja que tus hijos tomen ciertas decisiones. No dudes en hacerles saber que reconoces que se están esforzando con algo. La forma en que tratas a tu hijo influye mucho en cómo se ve a sí mismo. Así que hazlo mejor y sé respetuosa con tu pequeño. Es probable que ellos mismos se conviertan en una mamá o un papá más adelante, y querrás ayudarlos a formar mejores conexiones con sus propios hijos.

5. Recuerda que tus actos hablan más que tus palabras

Seguro que has oído alguna vez el dicho popular: "*No te limites a hablar, sino también a actuar*". Este consejo se aplica aquí porque es importante hablar a tus hijos sobre tus valores personales, creencias y pasiones, pero también debes demostrar estas partes de tu vida a través de tus acciones.

Por ejemplo, digamos que acabas de hablar con tus hijos sobre lo importante que es respetar a los miembros de la familia. Un momento después, les gritas por algo que han hecho. Aquí hay un problema: no practicas lo que predicas. Esta inconsistencia puede confundir a tus hijos y hacer que te pierdan el respeto. Deja que tus acciones hablen tan alto como tus palabras. Asegúrate de que tus valores, creencias y pasiones se reflejen en tus acciones.

¿Habilidades parentales deficientes?

"¿Soy una mala madre?"

Esta es una pregunta que probablemente te has hecho después de haber tenido un día difícil con tu hijo. Es fácil sentirse abrumada y dudar de tus habilidades como madre cuando tienes uno de estos momentos. Del mismo modo, sentirás que tus habilidades de crianza están por debajo de lo normal cuando te sientas agotada, perdida e impaciente porque nada te sale bien.

A veces, parece que todas tus decisiones tienen consecuencias monumentales y que siempre tomas la decisión *equivocada*. Te preocupan los efectos a largo plazo que estas decisiones pueden tener en la relación con tu hijo. Pero no olvides que todos cometemos errores y que aprender de ellos nos hace mejores madres.

¿Te has preguntado alguna vez qué cualidades hacen de alguien una mala madre? Es importante tener en cuenta que el concepto de "mala madre" es subjetivo y puede variar en función de factores culturales, sociales e individuales. Sin embargo, algunas categorías comunes de comportamientos de malas madres incluyen:

1. Nunca guían

Por supuesto, sabemos que uno de los aspectos más cruciales de la crianza es dar la orientación adecuada a nuestros hijos mientras son jóvenes y adquieren experiencia. Sin embargo, las malas madres son las que nunca guían. Suelen estar ocupadas con sus propias prioridades y no tienen tiempo para guiar a sus hijos en las decisiones importantes. Las malas madres quieren que sus hijos hagan sólo lo que ellas les piden y no escuchan lo que ellos quieren. Como suelen estar de mal humor, sus hijos evitarán acudir a ellas. Este distanciamiento puede crear problemas mayores más adelante.

2. Se preocupan demasiado

No me malinterpretes. No estoy sugiriendo que preocuparte por tu hijo no sea bueno. Sin embargo, cuando te excedes siendo sobreprotectora y entrometiéndote en cada detalle de la vida de tu hijo, puede resultar molesto y provocar una desconexión. Aunque sólo sean niños, también necesitan su espacio. Necesitan tiempo para resolver pequeños problemas de forma independiente, y preocuparte en exceso privará a tus hijos de aprender.

3. Son "madres helicóptero"

Las madres helicóptero son mandonas y quieren que las cosas salgan siempre como ellas quieren, sin importarles cómo se sientan sus hijos. Presionan a sus hijos para que cumplan sus órdenes. Cuando los hijos se oponen, actúan como oficiales militares, dando órdenes y castigos.

Las madres helicóptero son excesivamente estrictas con todo y nunca aflojan con sus hijos.

4. Tienen altas expectativas

Todas tenemos metas y sueños sobre cómo queremos que sean nuestros hijos. Sin embargo, aunque esperamos lo mejor, puede que algunas cosas no salgan según lo planeado. Cuando esto ocurre, no tenemos por qué castigarnos por ello. Por ejemplo, aunque sueñes con que tu hijo sea médico, puede que se interese por otra cosa y elija otra carrera.

No todos los niños son iguales. Por eso, debemos ser razonables con las expectativas y tener paciencia con el proceso de crecimiento único de su hijo.

5. Son abusivas

La crianza abusiva se refiere a un patrón de comportamiento de una madre o cuidador que daña al niño física, emocional o psicológicamente. Puede causar un problema grave que puede tener efectos duraderos en el bienestar del niño. A continuación, se enumeran las conductas que pueden considerarse abusivas:

Maltrato físico: Implica el uso de fuerza física que causa lesiones, como pegar, dar patadas o zarandear a un niño.

Maltrato emocional: Consiste en comportamientos que dañan la autoestima del niño, como críticas constantes, menosprecio o insultos. También puede consistir en amenazas de daño o abandono.

Abuso sexual: Cualquier actividad sexual entre un adulto y un niño, incluyendo manoseos, penetración o exposición.

Maltrato psicológico: Esto puede dañar el bienestar mental y emocional de un niño, como negarle afecto, aislarlo de los demás o amenazarlo.

6. Les gusta comparar a sus hijos con los demás

Como ya he dicho, no todos los niños son iguales, ni siquiera los gemelos. Comparar a tu hijo con los demás puede hacer que se sienta mal consigo mismo. Puede afectar a su autoestima e incluso deprimirle.

Si el niño es comparado negativamente con sus hermanos, primos, amigos o vecinos, acabará sintiendo que algo de él es inaceptable para ti. Las comparaciones hacen que los niños se sientan heridos, y tu hijo intentará mantener las distancias contigo. No compares a tu hijo con los demás. No hay comparación entre el sol y la luna. Ellos brillan cuando es su momento. Recuerda que no puedes ser una madre perfecta, del mismo modo que tu hijo no puede ser un niño perfecto.

Ten en cuenta que la terapia puede ser beneficiosa para madres o hijos que hayan sufrido un trauma o que tengan problemas emocionales o de comportamiento. Hay muchos recursos disponibles, como comunidades en línea, clases de crianza, asesoramiento y grupos de apoyo. No dudes en buscar ayuda cuando la necesites.

Por último, permíteme preguntar de nuevo: ¿Quién eres? ¿Te sientes una buena madre? Creo que los cinco aspectos de la buena crianza que he tratado en este capítulo te ayudarán a saber quién eres realmente.

Cualquiera puede tener un hijo y llamarse "padre". Un padre de verdad es alguien que pone a ese hijo por encima de sus propias necesidades y deseos egoístas.

CAPÍTULO 9

TIEMPO DE CONECTARTE CON TUS HIJOS

"Todos somos padres imperfectos y eso está perfectamente bien. Los pequeños humanos necesitan conexión, no perfección"
– L.R. Knost

Antes de ser madres, anhelábamos momentos de unión con nuestros hijos. Imaginábamos la vida perfecta que tendríamos con nuestro *"mini-yo"*. Pero ahora que somos madres, estamos tan inmersas en el ajetreo de la vida que empezamos a perder el contacto con una de las cosas más importantes de nuestras vidas: nuestros hijos.

Con tantas actividades como el trabajo, el cuidado de los niños, las tareas domésticas y el colegio, a las madres no nos queda mucho tiempo para estar con nuestros hijos. Hoy en día, las madres están ocupados con su trabajo y su vida personal y tienen poco o ningún apoyo de sus familiares. Esto significa que pasan menos tiempo que nunca con sus hijos. Incluso cuando tienen algunos momentos para estar con sus hijos, se distraen con el ordenador, el teléfono y la televisión. Intentan hacer frente al estrés haciendo demasiadas cosas a la vez.

El tiempo pasa deprisa y, si seguimos así, podemos perdernos por completo la infancia de nuestros hijos. Es irónico, porque eso es exactamente lo que hemos esperado durante tanto tiempo. Recuerda que los niños están biológicamente programados para buscar un apego seguro. Cuando no lo tienen, se desata el infierno. Sin embargo, cuando se satisface su necesidad de conexión, se vuelven más pacientes y escuchan mejor.

Los niños funcionan mejor cuando se sienten conectados contigo. Esta conexión les ayuda a orientarse. Estarán más tranquilos y dispuestos a actuar adecuadamente. A lo largo de este capítulo, nos centraremos en la conexión como el ingrediente secreto que hace que la crianza sea más fácil, por no hablar de más alegre. Si quieres que tu hijo sea más dulce, la conexión es la forma de conseguirlo.

Llenar La Copa Del Amor

Quizá te preguntes qué es una copa del amor y cómo se relaciona con la conexión con tus hijos. Bueno, sígueme. Pronto aprenderás todo lo que hay detrás de la noción de "llenar la copa del amor".

En primer lugar, imaginemos que dos personas (un hombre y su vecino) plantan 2 bellotas al mismo tiempo, con la esperanza de que crezcan robles enormes. Uno de ellos cuida la bellota y la nutre hasta que se convierte en un retoño de roble. Después, el hombre deja solo al retoño, con la esperanza de que todo salga bien. Empieza a descuidarlo. Al cabo de unos años de no prestarle la atención que merece, el árbol se vuelve menos atractivo. Las hojas y el tronco se vuelven demasiado delgados.

En cambio, el vecino, que también plantó su bellota, se asegura de regar el retoño a diario. Cultiva la planta con cariño y atención. Al cabo de unos años, el árbol se vuelve muy hermoso y lleno de hojas y tallos sanos. El tronco es muy robusto y da sombra a la gente.

Imagina por un momento que los árboles son humanos. Sé que parece una locura, pero ten paciencia. Esas bellotas necesitan que las alimentes con buena tierra, agua suficiente y las condiciones climáticas adecuadas. En otras palabras, necesitan que les llenes la copa de amor para sobrevivir y crecer. Los niños necesitan que hagas lo mismo por ellos.

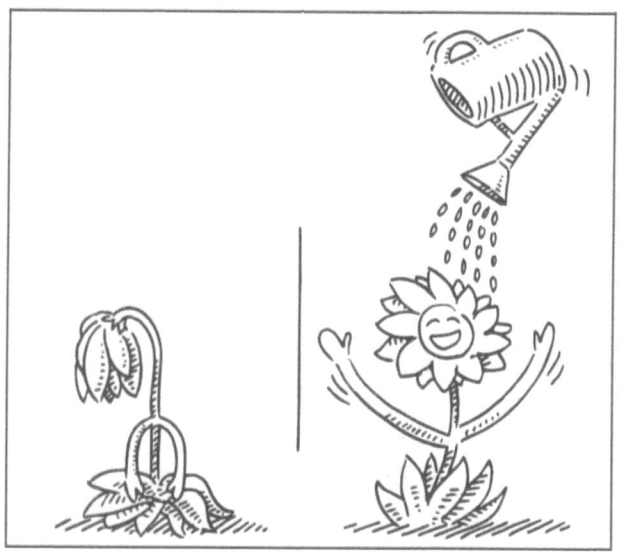

A pesar de tu apretada agenda, debes tratar a tus hijos con cariño. Hacerlo les ayudará a sentirse queridos. Cuando los niños no son tratados como las personas valiosas que son, es probable que crean que algo anda mal con ellos. ¿Podemos culparlos?

Piensa en cuando eras más joven. ¿Cómo te sentirías si tus padres te gritaran constantemente y nunca reconocieran nada bueno que hicieras? Probablemente llegarías a creer que tú eres el problema. Probablemente no te pararías a pensar que algo está mal en la forma en que te tratan.

Si sigues menospreciando a tus hijos en lugar de colmarlos de amor, los niños pensarán que no significan nada para nadie. Surgirán dudas sobre sí mismos. El trato que reciben los niños determina si tendrán una autoestima sana o no en el futuro.

¿Qué llena la copa del amor de un niño?

Para entender qué y cómo llenar la copa del amor de tu hijo, hablemos primero de lo que vacía la copa en primer lugar.

Estas son las cosas que pueden provocar el vaciado de la copa del amor de tu hijo:

- Gritos y regaños constantes
- Castigos severos
- Aislamiento y soledad
- Palabras negativas
- Obligar a los niños a hacer lo que odian
- Peleas entre padres
- Entorno familiar inestable
- Padres poco afectuosos
- Odio o rechazo

Esta es una lista de las interacciones negativas que pueden secar rápidamente el amor de tu hijo. Piensa en cuáles de tus acciones pueden estar vaciando la copa de amor de tu hijo, aunque no te hayas dado cuenta.

Ahora hablemos de lo que *llena* la copa de amor de un niño. Los tres ingredientes principales son el amor incondicional, el juego y el tiempo de calidad.

QUÉ LLENA LA COPA DE UN NIÑO:

Amor incondicional

¿Qué significa para ti el amor incondicional?

Muchas personas creen que entienden lo que significa el amor incondicional, aunque no sea así. En términos sencillos, el amor incondicional es el amor sin ataduras. Significa que tu amor por tus hijos no se basa en lo que puedan darte, ni depende de en quién se conviertan o de sus acciones hacia ti.

Cuando tus hijos te vuelven loca, ¿qué sientes por ellos? ¿Los sigues queriendo incondicionalmente? Claro que sí, aunque sea difícil. Piensa en el amor incondicional como un músculo que necesita un entrenamiento diario. Tienes que entrenar tu cerebro para:

- Aceptar que tu hijo es un ser humano inmaduro que comete errores y que aprenderá de ellos mientras continúa creciendo y mejorando.
- Aceptar a tu hijo tal y como es, sin compararlo con los demás. Saber que tu hijo es suficiente tal y como es.

Otra presión que pone a prueba el amor de las madres por sus hijos es cuando quieren que sus hijos tengan éxito y hagan grandes cosas. Como resultado, presionan a sus hijos para que consigan más de las que pueden, a veces incluso antes de que empiece la escuela primaria. Sabemos qué haces esto por amor y que tienes la mejor intención para tus hijos. Simplemente quieres que sus hijos hagan grandes cosas. Pero empujarlos más allá de sus límites les hará más daño que bien.

Los niños no necesitan superar tus estándares para recibir tu amor. Unas expectativas muy altas pueden debilitar el vínculo entre tú y tu hijo. Independientemente de lo que ocurra o de lo que hagan tus hijos, asegúrate de que el amor que les demuestras sea constante. Quiere siempre a tus hijos por lo que son y trátalos como valiosos regalos.

Jugar

El juego es otra forma de conectar con tu hijo y llenar su copa emocional. ¿Recuerdas todas las caras tontas que ponías para hacer reír a tus hijos cuando eran bebés? Quizá te vestías de payaso, bailabas sin música o cantabas una canción ridícula para llamar su atención y evitar que lloraran. ¡Qué bonita era la vida entonces! Pero ahora que tus hijos se han hecho mayores y pueden jugar solos, los ratos de juego con ellos son mínimos (si es que los hay).

No olvides que el juego es el lenguaje de los niños y no debes dejar de jugar con ellos. No hay muchas limitaciones para las actividades que puedes hacer con tus hijos. Haz lo que más les guste a los dos. Algunas ideas divertidas son jugar a las luchas, a las persecuciones o al escondite. Las risas que produce el juego llenan la copa emocional de tu hijo y dejan menos espacio para comportamientos no deseados.

Tiempo de calidad

¿Qué ocurre si pasas todo el día con tus hijos, pero no te sientes conectada a ellos? No es de extrañar, porque muchas madres afirman que ya no se sienten tan unidas a sus hijos como antes. ¿Por qué supone esto un problema? Además, ¿cómo puedes pasar veinticuatro horas en casa y no sentir una conexión con tu hijo?

Es innegable que los niños necesitan atención. Pero, ¿has estado prestando atención a tus hijos pensando que al hacerlo te sentirás conectada con ellos? Si es así, puede que hayas confundido atención con conexión. La verdad es que puedes prestar atención a tus hijos y no sentir ninguna conexión emocional. En cambio, lo que los niños necesitan es tiempo de alta calidad y compromiso contigo.

Muchas madres creen que pasan tiempo de calidad con sus hijos llevándolos a sus lugares favoritos, como parques, tiendas y otros sitios. Sin embargo, la calidad del tiempo que pasan juntos viene determinada por *cómo* pasas el tiempo con tus hijos mientras están en esos lugares. Cuando estás con ellos, ¿te tomas un descanso de tus dispositivos y te centras en tus hijos? ¿Estás pensando en los correos electrónicos del trabajo que debes responder o en el informe del proyecto que tienes que presentar? ¿Estás presente y no dejas que tu mente divague?

El tiempo que pases con tus hijos no es lo único que importa. Lo que de verdad importa es lo bien que lo haces. Asegúrate de jugar a juegos que puedan disfrutar los dos, porque cuanto más participes en una actividad con ellos, más conectados se sentirán. Deshazte de las distracciones y presta toda tu atención a tus hijos. Recuerda que no necesitan veinticuatro horas de tu atención. Incluso unos minutos de tiempo de calidad representan una gran diferencia.

Tu Lenguaje Corporal

La comunicación no verbal desempeña un papel importante a la hora de transmitir información a nuestros hijos. Dice mucho de nuestros sentimientos y de las personas que nos rodean. Independientemente de su edad, los niños captan nuestras señales no verbales de forma muy poderosa. Se dan cuenta de cuándo nos reímos, sonreímos, lloramos, guiñamos un ojo o fruncimos el ceño.

Al igual que nosotras podemos leer las expresiones de nuestros hijos, los niños pueden captar y entender cómo nos sentimos a través de estas expresiones, incluso cuando no abrimos la boca. Lo hacen leyendo nuestro lenguaje corporal.

Imaginemos que tu hijo tiene una botella de leche en la mano y la derrama. Cuando corres a la cocina para ver qué ha pasado, descubres que todo el suelo está cubierto de leche. ¿Qué haces? Has aprendido que gritar no es una buena forma de educar, así que te guardas la rabia. Sin embargo, no puedes ocultar tus expresiones no verbales, como las expresiones faciales o el tono de voz. Incluso cuando no estás gritando, tu lenguaje corporal muestra enojo y decepción. Entonces, ¿cuál es la diferencia?

Como madre, debes ser consciente de las señales no verbales que das cuando estás con tus hijos porque influyen en cómo te perciben y responden a ti. Por ejemplo, si estás constantemente nerviosa, frustrada o regañando, es muy probable que tu hijo perciba estos comportamientos y responda negativamente.

Piensa en tu infancia. Probablemente estarás de acuerdo conmigo en que aprendiste muchos hábitos de tus padres y de las personas que te rodeaban. Lo mismo ocurre con tus hijos. Ellos reflejan tu comportamiento y aprenden de ti. De hecho, ya estás ayudando a desarrollar las habilidades de comunicación no verbal de tus hijos.

Tres Maneras De Adaptar Tu Lenguaje Corporal

Por suerte, hay métodos que puedes utilizar para mejorar tus habilidades de comunicación no verbal y ajustar rápidamente tu lenguaje corporal. Puedes asegurarte de que tus expresiones transmitan amor a tus pequeños, tengan la edad que tengan.

Ten en cuenta que mientras practicas tus propias habilidades de comunicación no verbal, estás enseñando a tus hijos a mejorar sus propias habilidades de comunicación.

1. Mira a tus hijos a la cara

¿Sueles mirar a tus hijos a los ojos cuando hablas con ellos? A veces descuidamos este aspecto sencillo pero esencial de la comunicación. A menudo hablamos con nuestros hijos mientras estamos concentradas en otra cosa. Incluso cuando no es nuestra intención dividir nuestra atención, no mirar a nuestros hijos cuando hablamos con ellos se ha convertido en algo normal para muchos padres.

Recuerdo que siempre hablaba con mi hijo mientras fregaba los platos, fregaba el suelo, lavaba la ropa o cocinaba. Me distraía constantemente y rara vez le prestaba toda mi atención. Cuando hablamos repetidamente a nuestros hijos mientras estamos distraídas, el desapego es inevitable. ¿Qué pasaría si tuvieras algo importante que decirle a tu pareja y ésta se pusiera a ver la tele en vez de escucharte y prestarte toda su atención? ¿Cómo te sentirías? Molesta, ¿verdad? Probablemente te sentirías ignorada y desconectada.

Lo mismo ocurre con los niños. Si estás absorta en otra tarea mientras ellos te hablan y tienen que levantar la voz para llamar tu atención,

¿cómo crees que se van a sentir? Del mismo modo, si tu hijo tiene que perseguirte para obtener una respuesta, o siempre está hablando a tu espalda, se va a sentir distanciado de ti.

Tienes que acercarte a tus hijos. Míralos a la cara cuando les hables. Deja que vean tu cara y tus expresiones mientras los escuchas. Haz una pausa en tu trabajo y dedícales unos minutos para hablar. Mantén una conversación adecuada. Tus hijos merecen tu respeto y atención.

2. Mantén suficiente contacto físico

Los niños responden bien al contacto físico (al tacto), sobre todo de sus madres. Esta comunicación no verbal transmite directamente tus emociones y sentimientos a los más pequeños.

Los abrazos y besos suaves son formas de enviar un millón de palabras silenciosas a tus hijos sin abrir la boca. Se sentirán inmediatamente acogidos, seguros y queridos sin que tengas que decir mucho. ¿Por qué? Porque tus hijos pueden sentir tu lenguaje corporal desde el momento en que entras en contacto con ellos.

Atrapadas en un mundo acelerado, a veces olvidamos lo importantes que son estas pequeñas acciones. Por eso, intenta incluir el contacto físico cuando interactúes con tus hijos. Puedes rodearlos suavemente con tus brazos cuando estén tristes o disgustados. Un ligero beso demuestra que los quieres y los aprecias. Un pequeño gesto como éste podría ser todo lo que necesitan para sentirse tranquilos y mantenerse conectados.

Aquí tienes otras formas de conectar a través del contacto físico con tus hijos:

- Tómense de la mano al caminar

- Siéntate cerca de ellos cuando lean juntos un libro
- Acurrúcalos antes de dormir
- Creen un saludo especial
- Frótales la espalda mientras hablas con ellos
- Hazles cosquillas.

El contacto físico con tu hijo le asegura que estás presente y en el momento con él. Con tus acciones les dices que tienen toda tu atención.

3. Establecer contacto visual

Según un dicho popular, "*los ojos son la ventana del alma*". Y estoy de acuerdo. Cuando interactúas con tus hijos y mantienes cierto nivel de contacto visual, estás conectando a un nivel más profundo con ellos. Sentirán que tienen tu atención, y te prestarán atención a cambio. Tu hijo se sentirá inmediatamente atraído por la conversación porque sabe que le estás demostrando que valoras y respetas lo que dice.

Recuerda que los niños reflejan lo que ven hacer a sus madres y padres. Les estás enseñando habilidades comunicativas mostrándoles la importancia del contacto visual.

Las investigaciones han demostrado que el contacto visual con tu hijo puede sincronizar tus ondas cerebrales con las suyas. Esto puede mejorar la comunicación, el apego y el vínculo entre los dos, aumentando su sensación de seguridad. El contacto visual también permite que el cerebro de tu hijo se desarrolle y se mantenga en el buen camino. Cuanto más conectada estés con tu hijo, más favorecerás su desarrollo emocional.

Hacer estos tres cambios rápidos en tu comunicación no verbal demuestra a tus hijos que los valoras a través de tus acciones. Además, estás desarrollando sus habilidades de comunicación no verbal para ayudarles a aprender y comprender sus emociones y las de los demás.

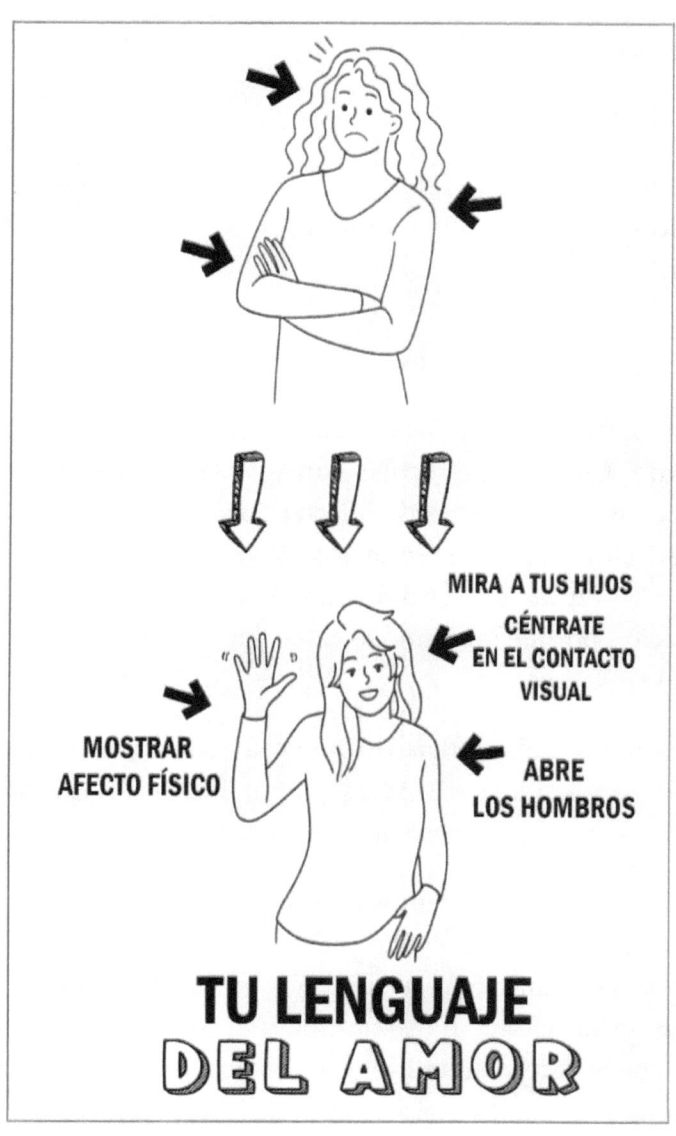

CAPÍTULO 10

CONECTAR ANTES DE CORREGIR

"La ira no resuelve nada. No construye nada, pero puede "Debes llegar al corazón antes de poder educar la cabeza". - Dra. Jane Nelsen

Imagina esto. Acabas de comprar unos deliciosos dulces en la panadería de camino a casa tras un largo día de trabajo. Te sientas en el sofá y empiezas a comerlos. Estás tan feliz hasta que oyes a tu pareja decir burlonamente: *"Mírate la barriga. ¿Estás embarazada de ocho meses? ¡No paras de comer! Por eso no pierdes peso"*. Sabes que tienes diez kilos de sobrepeso, lo que ya te hace sentir muy deprimida.

¿Cómo te sentirías ante semejantes críticas de tu pareja, que en lugar de darte una cálida bienvenida hace comentarios horribles sobre tu cuerpo? Seguro que el comentario de tu pareja te dolerá y te hará sentir peor de lo que ya te sientes.

Puedes imaginarte el dolor, la vergüenza y la intensa rabia que sentirías.

Te preguntarás: *"¿Cómo puede ser tan despiadado alguien que se supone que debería ser mi sistema de apoyo? Piensa que soy gorda y fea. ¿Acaso me quiere?"*. Estas son algunas de las preguntas que probablemente te harás al sentir que crece una distancia entre ustedes dos.

Sabes que le preocupa tu aumento de peso y cómo afecta a tu salud, pero la forma en que abordó la situación fue muy negativa. Podría haber empezado: "*Cariño, debes de estar muy cansada y hambrienta para comer eso. ¿Por qué no te comes una manzana antes de cenar?*". Este enfoque te haría sentirse cálida y querida.

Pero ¿sabías que los niños experimentan sentimientos parecidos? Ellos también manejan grandes emociones cuando se encuentran con tus múltiples exigencias.

"¡No hagas eso!"

"¡Para!"

"¡Fuera de aquí!"

Mientras descubren su lugar especial en el mundo, los niños actúan de formas que distan mucho de ser adorables. Sobrepasan los límites, exploran, experimentan y demuestran su independencia. Como madres, verlos hacer estas cosas puede ponernos en una situación desesperada, y puede que empecemos a gritar y a decir cosas de las que nos arrepintamos. Pero somos humanos y nuestras emociones pueden dominarnos.

En lugar de lanzarte a corregir a tus hijos y gritarles, ¿por qué no intentas conectar con ellos primero? Es como cargar un teléfono sin batería antes de usarlo. Tenemos que conectar primero con nuestros hijos. La conexión, o la falta de ella, puede ser lo que te impide disfrutar de tu experiencia como madre. Averigüemos cómo conectar.

Queremos Conectar

Cuando los niños se portan mal, no tardamos en preguntarnos: *"¿Qué debo hacer?"*. Es fácil recurrir a familiares, amigos, libros, blogs y grupos de apoyo para encontrar formas eficaces de frenar los comportamientos difíciles de nuestros hijos. Queremos arreglar la situación de inmediato. Pero no entendemos que hay pocas soluciones rápidas en la crianza de los hijos. Las herramientas son secundarias a la relación que tenemos con nuestros hijos. Debemos centrarnos primero en cómo conectar.

La crianza de los hijos implica establecer una relación con ellos. No se trata solamente de utilizar una serie de estrategias. Debes tener primero una relación con tus hijos para poder utilizar las estrategias, y tendrás que educarlos con el corazón.

Cómo Conectar Con Tu Hijo

Cuando tus hijos se sientan conectados contigo, se sentirán queridos, comprendidos y valorados. Como resultado, estarán más abiertos a tu influencia. Ponte en su lugar. ¿No te sientes abierta a la influencia de tu pareja cuando te hace sentir querida, respetada, escuchada y comprendida

Conoces los increíbles beneficios de conectar con tus hijos y quieres hacerlo. Sin embargo, no dejas de preguntarte: *"¿Cómo voy a encontrar tiempo para conectar cuando apenas tengo tiempo para mí? Tengo que trabajar, revisar sus deberes, cocinar, limpiar y hacer tantas cosas en sólo veinticuatro horas. ¿Cómo puedo encontrar tiempo para conectar con mis hijos?".*

La verdad es que no necesitas todo el día para conectar con tus hijos. Como mencioné en el capítulo anterior, se trata de tiempo de calidad, no de *cantidad*. Intenta que el tiempo que pases con ellos sea valioso, aunque sólo sean unos minutos. En este sentido, aquí tienes cuatro maneras de ser más intencional a la hora de crear lazos afectivos y conectar con tus hijos.

Desconéctate de los aparatos electrónicos

¿Realmente puedes culpar a los niños por pasar tanto tiempo viendo la televisión y utilizando otros dispositivos cuando tú eres culpable de lo mismo? A pesar de nuestras apretadas agendas, siempre encontramos la manera de hacernos un hueco para chatear, navegar por las redes sociales y ver vídeos de YouTube o Netflix.

¿Por qué nos quejamos de que tenemos poco tiempo cuando encontramos un hueco para todos estos derroches de tiempo? No siempre tenemos claras nuestras prioridades. Por supuesto, somos humanas y necesitamos conectar con nuestros amigos y saber qué les pasa. Pero tenemos que reservar tiempo para estar con nuestros hijos. Y cuando estamos con ellos, merecen toda nuestra atención. Así que intenta desenchufarte de los dispositivos electrónicos y no permitas que te sirvan de distracción.

Tómate un descanso de la pantalla del ordenador, deja el teléfono y préstale a tu hijo toda tu atención. Los niños son listos y saben cuándo estás centrada en ellos. Cuando se dan cuenta, se sienten más queridos, escuchados y apoyados. Te apreciarán rápidamente.

Escuchar sin dar consejos

Como adultos, es fácil cortar el rollo a nuestros hijos y evitar que sigan explicándose porque creemos que sabemos más que ellos. Al fin y al cabo, tú has estado en su lugar y sabes más que ellos (eso crees). Entiendo tus intenciones. Quieres ayudar y no quieres prolongar el problema. Pero a los niños les encanta que los escuchen. Cuando ven que no te interesa escucharlos, comenzaran a guardarse sus comentarios.

Nuestros hijos necesitan saber que estamos a su lado, que empatizamos con ellos y que queremos lo mejor para ellos. Escúchalos. Permíteles explicar, despotricar y exponer sus sentimientos sin interrumpirlos ni darles consejos. Tendrás tiempo de sobra para dar consejos más adelante, así que resérvalos hasta que tu hijo haya terminado de hablar. Sé que no siempre es fácil ser paciente con ellos, pero debes saber que cuando peor están es cuando más te necesitarán.

Muestra interés por lo que les gusta

Ya ha salido la última actualización de Candy Crush, pero claro, seguro que tú no estás tan emocionada como tus hijos. Mientras tanto, una forma de demostrar a tus hijos que son importantes para ti es mostrar un interés genuino por ellos.

No siempre se puede ser adulto cuando se trata de criar a los hijos. Tienes que sacar ese niña interior para conectar con ellos en la misma frecuencia.

Imagina que te gusta la costura. Un día, te hace ilusión presumir de los nuevos patrones que has cosido en la funda de tu cama con tu nueva máquina de bordar. Pero tu marido no entiende por qué te pasas el día cosiendo esos dibujos tan *feos* en las mantas. Incluso piensa que tu afición debería estar reservada a las abuelas. No muestra ningún interés ni aprecio por tu manualidad o tu esfuerzo. ¿Cómo te sentirías tú?

En cuanto ves la cara de desinterés de tu marido, te sientes desconectada de él y no quieres hablar más con él. No sólo no le interesan las cosas que te gustan, sino que además piensa que tus bordados son feos. Por supuesto, vas a sentir que no le importas, ¿verdad? Esperas que al menos muestre un poco de interés. Podría valorar tu tiempo y tu esfuerzo con un pequeño cumplido como: "Vaya, tus diseños son preciosos" o "¡Lo hiciste genial, cariño! Sigue así".

Si tú puedes sentirte así como adulta, imagínate lo tristes y desconectados que se sienten los niños cuando no muestras interés por lo que les gusta. ¿Se han quejado alguna vez tus hijos diciendo: *"¡Nunca me entiendes!", "¡Olvídalo!"* o *"¡Nunca entiendes nada!"*? Si alguna de estas afirmaciones no te resulta familiar, ¡entonces es que lo estás haciendo bien con tus hijos! Es fácil que tus hijos se desconecten de ti cuando no muestras interés por lo que hacen.

No hace falta que te guste su afición tanto como a ellos. Basta con que muestres interés para que se sientan queridos. No les dirijas esa mirada de desaprobación ni sacudas la cabeza. En lugar de eso, sonríeles y diles algo alentador. Por ejemplo, puedes decir: *"¡Qué bien! Esto parece muy divertido"*. Recuerda que son niños y que sus intereses irán cambiando con la edad.

Cuando compartes las pasiones de tus hijos, no sólo les dices que te importan, sino que les demuestras que les apoyas. Así sabrán lo importantes que son en tu vida porque les dedicas tu valioso tiempo.

Por Qué Conectar Antes De Corregir

La idea de conectar antes de corregir es que los niños sólo aprenden de personas en las que confían y con las que se sienten conectados.

Los niños están más dispuestos a aprender cuando mantienen una relación continúa basada en la amistad, el respeto mutuo y la atención.

La crianza basada en la conexión, en esencia, significa que cada vez que interactúas con tu hijo, te centras en conectar primero, lo que significa que abres primero el corazón de tu hijo. Conectas antes de jugar, conectas antes de comunicarte y conectas antes de corregir o disciplinar.

Si estás familiarizado con las fábulas de Esopo, quizá conozcas la historia del Viento del Norte y el Sol. El Viento del Norte intentó soplarle el abrigo a un hombre, pero el hombre se aferró a él con más fuerza. Entonces, el Sol calentó al hombre, y éste se acaloró tanto que se quitó el abrigo de buena gana.

Al igual que la historia, la fuerza y la violencia no abrirán el corazón de tu hijo. Sin embargo, si conectas con él y comparten sus sentimientos, podrás llegar a él fácilmente.

Como madre joven, conocí el concepto de conexión antes de la corrección cuando mi hijo era pequeño. El primer pensamiento que me vino a la cabeza fue: *"¿Qué tipo de conexión es más fuerte que el vínculo madre-hijo que ya compartimos? ¡Absolutamente ninguna!"*. Claro, yo soy la madre. ¿De qué otra conexión están hablando? ¿Y por qué iba a querer corregir a este pequeño y dulce ser humano? ¿Qué podría hacer mal?

No era consciente de que me estaba iniciando en la crianza consciente y que había todo un mundo nuevo que no sabía que existía. Ahora que lo sé, me alegra compartir mis pensamientos contigo.

Por Qué Es Importante La Conexión En La Crianza De Los Hijos

La conexión es importante en la crianza porque:

- **Fomenta la comunicación positiva.** Cuando conectas antes de corregir, estás pavimentando el camino para una mejor comunicación entre tú y tu hijo de una manera positiva y estimulante. Esto puede crear más apertura y honestidad entre ustedes, construyendo una fuerte relación madre-hijo.

- **Ayuda a generar confianza.** Cuando estás emocionalmente conectada con tu hijo, es más probable que confíe en ti, lo que te permitirá guiarle y corregir su comportamiento cuando sea necesario.

- **Fomenta la cooperación.** Cuando tu hijo se siente apoyado y conectado contigo, es probable que coopere contigo y, a su vez, puedes ayudarlo a moldear sus comportamientos.

- **Ayuda a regular las emociones.** Cuando tu hijo se siente unido a ti, es probable que se sienta seguro a tu lado. Este sentimiento le ayuda a regular sus emociones y a actuar de forma más adecuada.

La Conexión Antes De La Corrección

¿Qué deberíamos hacer cuando nuestro hijo hace algo mal? Las reacciones instintivas normales son regañar, gritar o castigar, pero la conexión antes de la corrección dice que primero hay que *conectar*.

Veamos un ejemplo. Supongamos que estás en el parque con tu hijo y ve un juguete que quiere. Se lo quita a otro niño sin preguntarle. Normalmente, lo regañaríamos y le diríamos: "*No, eso no se hace*". También podríamos fruncirles el ceño para que sepan que esas acciones son inaceptables.

Hacer eso significa que te has saltado la parte de la conexión y has pasado directamente a la corrección. La conexión antes de la corrección consiste en conectar primero mostrando una intención positiva. Por ejemplo, puedes decir: "*¡Eh, J! Veo que te gusta ese juguete y quieres jugar con él. A mí también me parece muy genial*".

Después, puedes darle un abrazo tranquilizador para profundizar en la conexión y decirle: *"Si quieres jugar con el juguete de otro, tienes que pedírselo en vez de quitárselo"*. De este modo, no te enfadas y te centras en lo que tu hijo ha hecho mal. En lugar de eso, le demuestras que eres fiable para guiarlo y ayudarlo. De este modo, pueden sentir la conexión entre los dos.

Como decían Alfred Adler y Rudolf Dreikurs, los niños desarrollarán "un sentido de pertenencia y importancia". Además, los niños prosperan, crecen, se sienten seguros y aprenden mejor cuando sienten una conexión en la relación que mantienen.

Los expertos sugieren que los niños no pueden ser influenciados positivamente hasta que creamos una conexión con ellos. Tenemos que dejar de centrarnos en lo que nuestros hijos hacen mal. En su lugar, debemos reparar nuestras relaciones y conectar con ellos para que se sientan seguros, queridos, amados, cuidados y tenidos en cuenta.

Siempre he considerado el concepto de conexión antes que el de corrección como algo que atañe al **cerebro** y al **corazón**.

En el capítulo anterior, hablamos de llenar la copa del amor. Todos los niños necesitan a alguien que los haga sentir especiales, que los ame incondicionalmente y que llene su copa de amor. Esta copa de amor es una metáfora de un contenedor de sus emociones positivas. Una de las mejores formas de establecer vínculos con los niños es ser esa persona que reconoce sus necesidades emocionales y sabe cómo llenar su copa de amor.

Dedicar tiempo a llenar la copa del amor de un niño es la forma más fácil de conectar con él y lograr una excelente calificación en la crianza proactiva.

Establecer una conexión con nuestros hijos nos ayudará a mejorar nuestras relaciones, pero ceder a todas las demandas de un niño no es un método de crianza eficaz. Afortunadamente, podemos utilizar un método de disciplina positiva que demuestre que el niño nos sigue importando.

Tomemos el ejemplo de un niño que quiere chocolate.

Niño: Mamá, ¡quiero chocolate!

Mamá: Ya has comido bastante hoy.

Niño: Pero quiero más, por favor, mamá. ¡Solo uno más!

Mamá: Sabes que te quiero y que te daría más si pudieras comer más. Pero esta vez tengo que decirte que "No".

Comer una tableta de chocolate está bien, pero tres o cuatro más podría ser perjudicial para sus dientes. La madre lo sabe y primero asegura a su hijo su amor antes de negarse educadamente a ceder a sus exigencias.

Cuando le gritas o críticas a tu hijo por portarse mal en cada ocasión, existe la posibilidad de que se aleje de ti. Es posible que se cierre a sus emociones. Recuerda que la fuerza y la violencia no fomentan el aprendizaje, pero las conexiones positivas pueden animar a los niños a cambiar y aprender.

Cuando los niños se sienten conectados, sienten que pueden confiar en ti y escucharte. Estos son los momentos de enseñanza en los que puedes tener un impacto significativo. En esos momentos están dispuestos a escuchar y aprender.

A medida que conozcas las numerosas herramientas de disciplina positiva disponibles, recuerda que en su mayoría están diseñadas para crear una conexión. Aun así, es necesario corregir con respeto.

Es importante comprender que la corrección, tal como se practica en la disciplina positiva, difiere significativamente de la corrección tradicional. Son dos mundos distintos porque la corrección tradicional gira en torno al castigo. La corrección tradicional se centra en castigar, regañar, quitar privilegios, gritar, culpar y castigar con tiempo fuera, por nombrar algunas formas comunes de corrección. En consecuencia, la disciplina tradicional implica sobre todo que los adultos hagan algo o impongan su autoridad a los niños. Por otro lado, la corrección en la disciplina positiva involucra los niños. Este tipo de corrección se centra en encontrar soluciones juntos siempre que sea posible. Mediante la disciplina positiva, puedes conectar con tus hijos para enseñarles cómo se deben hacer las cosas en lugar de reprimirlos emocionalmente.

Concluyo este capítulo con una cita popular que resulta muy ilustrativa: "*Cuando criticas a tus hijos, no dejan de quererte. Dejan de quererse a sí mismos*". Por último, recuerda que debes ser un modelo del comportamiento que quieres que tus hijos imiten.

When you keep criticizing your kids, they don't stop loving you.
They stop loving themselves.

Al criticar constantemente a tus hijos, ellos no dejarán de quererte. Ellos dejarán de quererse a ellos mismos

Quinta Parte

Conexión Familiar

El amor y la conexión
siempre estarán ahí.

CAPÍTULO 11

CONVERTIRSE EN MEJORES MADRES

"Tus hijos se convertirán en lo que tú eres; así que sé cómo quieres que sean"- Anónimo

Quiero que tomes una hoja de papel y un lápiz y te tomes unos minutos para pensar en el tipo de madre que quieres ser. ¿Cómo te gustaría que te vieran tus hijos cuando crezcan? ¿Qué tipo de historias te gustaría que les contaran a sus hijos sobre ti, su abuela?

Por supuesto, todas desearíamos ser mejores madres. Todas desearíamos tener las respuestas adecuadas a los problemas de crianza a los que nos enfrentamos. Queremos tener las respuestas a todas las preguntas de nuestros hijos. Pero nunca debemos olvidar que somos seres humanos imperfectos. Aunque es inevitable cometer errores, es importante aprender de ellos y esforzarse siempre por ser buenas madres.

Ser buenas madres no es un paseo en el parque. Puede ser difícil, sobre todo porque los niños no vienen con un manual de instrucciones. Muchas tenemos que aprender sobre la marcha. Es una triste realidad.

Sin embargo, si quieres mejorar tus habilidades como madre y conectar más con tu hijo, este capítulo puede ayudarte. Aquí analizaremos algunos consejos de crianza que refuerzan el vínculo con tu hijo, independientemente de sus necesidades y su edad. ¡Nos enfocaremos en hacer más fácil una de las tareas más difíciles del mundo!

¿Eres un buen modelo de conducta?

¿Crees que eres un buen modelo para tus hijos? Ser un buen modelo es una característica importante que tus hijos necesitarán que les demuestres. Aunque tendrán varios modelos de conducta entre los que podrían elegir, como sus profesores, compañeros, personajes de dibujos animados y deportistas, sus padres serán su modelo número uno. Piensa en ello. Es más probable que tu hijo imite lo que tú haces. Por ejemplo, cuando cantas repetidamente tu canción favorita en casa, te darás cuenta de que tu hijo empezará a cantar esa canción con el tiempo.

No debería sorprenderte, porque los niños imitan todo lo que hacemos. Los niños aprenden todo lo que saben por imitación: cómo hablar, aplaudir, bailar, cantar y disfrazarse. Por lo tanto, se fijan más en lo que haces que en lo que dices. Como sabes que los niños verán lo que muestras e imitarán esas acciones, ya sean positivas o negativas, las madres debemos ser buenos modelos para ellos.

Puedes ser un importante factor de protección (influencia del entorno) que proteja a tus hijos de conductas problemáticas, o puedes ser un poderoso factor de riesgo (condición del entorno) relacionado con el aumento de conductas problemáticas en los niños.

Antes de hablar de cómo podrías ser un buen modelo de conducta para tus hijos, veamos rápidamente qué significa ser un buen modelo de conducta.

¿Qué es un buen modelo de conducta?

Aunque todos tenemos diferentes definiciones de qué o quién es un buen modelo a seguir, la mayoría de la gente está de acuerdo en lo siguiente:

- **Un buen modelo a seguir muestra pasión y tiene la capacidad de inspirar a los demás.** Como madres, deben dedicarse a ayudar y capacitar a sus hijos en todos los aspectos de su vida.

- **Un buen modelo de conducta tiene unos valores claros.** A los niños les encantan las personas que apoyan sus creencias porque les hacen conscientes de que sus valores definen quiénes son.

- **Un buen modelo de conducta es íntegro y acepta a los demás.** A los niños les encantan las personas que los aceptan tal como son, sin compararlos con otros niños.

- **Un buen modelo de conducta tiene la capacidad de superar obstáculos.** ¿A quién no le gustaría tener un caballero de brillante armadura que le ayudara? Siempre es estupendo que los niños sepan que pueden acudir a sus madres ante cualquier problema porque saben que las buenas madres siempre tendrán una solución.

Profundicemos en lo que significa ser un buen modelo para los niños. David Streight, director ejecutivo del Consejo para la Educación Espiritual y Ética y psicólogo escolar certificado a nivel nacional, afirma lo siguiente sobre los modelos de conducta:

- Un buen modelo puede influir en la empatía que el niño sienta y demuestre en el futuro.

- Tus acciones y la forma en que sirves de modelo a tus hijos, influyen en que éstos crezcan con plena conciencia y con una capacidad de razonamiento moral bien desarrollada.

- Los niños con buenos modelos son más generosos. Son más propensos a actuar en beneficio de los demás sin esperar nada a cambio.

- Con un buen modelo de conducta, los niños entenderán cómo actuar ante situaciones difíciles a las que probablemente se enfrentarán en la vida.

Una de las herramientas más poderosas en la crianza de los hijos, es un buen modelo de conducta, el cual podrás utilizar en tu propio beneficio. Podrás transmitir valores a tus hijos y ellos se convertirán en el tipo de adultos que tú quieres que sean.

Cómo Ser Un Modelo Eficaz Para Tus Hijos

Antes de hablar de cómo ser un modelo eficaz para tus hijos, permíteme que te presente rápidamente una fábula que arroja luz sobre cómo funciona el modelado de roles.

La siguiente conversación es entre dos cangrejos, una madre y su hijo. Los cangrejos salen de su casa y dan un paseo por la arena.

Mamá cangreja: *"Oye, ¿por qué caminas tan torpemente? ¿Por qué no caminas en línea recta?"*

Cangrejo bebé: *"¡Pero mamá! Yo camino igual que tú".*

Mamá cangreja: *"No, no lo haces. Ahora, fíjate bien en cómo camino yo".*

Cangrejo bebé: *"Entonces necesitas un espejo, mamá. Yo sólo sigo el ejemplo que tú me das".*

El Cangrejo y su Mamá

— ¡Te ves tan tonto caminando de costado todo el tiempo! ¿Por qué no puedes andar derecho?

—Si... pero mamá....

¿Qué has aprendido de esta fábula? Tú eres lo que será tu hijo. Si quieres que tu hijo sea amable, tendrás que ser amable. Si quieres que sea respetuoso, sé respetuosa con tu hijo. Si no quieres que tu hijo les pegue a otros, no le pegues a tu hijo.

Para la mayoría de las madres, ser un modelo eficaz para sus hijos requiere mucho autocontrol, trabajo duro y previsión. Recuerda que tus hijos siempre te están observando. Examinan tus actitudes, acciones y creencias. Estas ideas se integrarán en la personalidad de tus hijos, por lo que es esencial que seas consciente de los rasgos que modelas para ellos.

Ahora que eres consciente de esta enorme responsabilidad que tienes sobre tus hombros, puedes animarte a mejorar. Si quieres reducir las probabilidades de que tu hijo se incline por el alcohol en el futuro, deshazte de las botellas y mantente alejada del alcohol. Lo mismo ocurre con el tabaco. Debes dejar de fumar si no quieres que tu hijo te imite. La razón es sencilla. Los niños se sienten cómodos haciendo ciertas cosas si las han visto hacer en su propia casa. Así que no te dejes llevar por tus emociones y muestres demasiado enojo. No sabes si estás creando un pequeño "volcán" que será tan temperamental como tú.

Las siguientes son estrategias que puedes utilizar para convertirte en un modelo eficaz.

- **Practica lo que predicas**

Para la mayoría de las madres, la frase "Haz lo que yo digo, no lo que yo hago" no funciona. Los niños son los mejores detectives y pueden olfatear la falta de sinceridad, la hipocresía y el engaño como un sabueso. Tienden a creer y admirar a las madres que han demostrado consistencia en sus acciones y palabras. Pero, por desgracia, no se trata sólo de demostrarlo. Se trata de "predicar con el ejemplo".

Si eres una madre que no quiere que sus hijos mientan y finjan estar enfermos para evitar hacer las tareas, no debes mentir diciendo que estás enferma para librarte de tu trabajo. Por otro lado, si quieres que tu hijo reduzca el tiempo que pasa frente a la pantalla, sé un buen modelo limitando también el uso de tus dispositivos.

Al igual que tú respetas a las personas que respetan las normas, los niños hacen lo mismo. Respetan a los adultos que cumplen con lo que predican. Si perciben hipocresía en ti, buscarán inmediatamente modelos alternativos.

- **Sé un modelo a través de tus palabras**

Tus hijos no solo buscan pistas en tus acciones. También te escuchan más de lo que imaginas. Cómo hablas, de qué hablas y las opiniones que expresas pueden influir en los valores de tu hijo.

¿Cómo le hablas a tu hijo? Y a tu pareja, ¿cómo le hablas? ¿Y a tus amigas, colegas y vecinos? ¿Y al repartidor, a la camarera de tu restaurante favorito y a la cajera del supermercado? Si estás acostumbrada a insultar y gritar al personal de atención al cliente por teléfono, ¿no crees que tu hijo adoptará tus mismos modales? Espero que no, pero es posible que tus hijos den por sentado que está bien tratar así a los demás.

Asegúrate de que muestras respeto por los demás con tus palabras y tu tono de voz. El tipo de palabras que utilices con la gente debe mostrar respeto por las diferencias que existan entre ustedes.

No intimides ni amenaces a tus hijos con tus palabras cuando se porten mal. Responde con una disciplina basada en el respeto a tus hijos. Debes saber que son humanos y que cometerán errores. Como niños, aún están aprendiendo y probablemente no hayan aprendido aún a ser considerados, cariñosos y empáticos. Te corresponde a ti, como modelo a seguir, demostrarles esos comportamientos.

¿No es mejor demostrar que sigues tus propios consejos en lugar de limitarte a decir: "Sé amable"? Si es necesario, ayuda a tu pareja en las tareas domésticas y enséñale lo que significa el trabajo en equipo. Enséñales que recoger la basura para reciclar y compostar significa que se preocupan por su propio planeta. Enséñale que la amabilidad puede abrir la puerta para que lleguen cosas buenas a su vida.

Mentalidad De Crianza

La forma de ver y tratar a tu hijo en los momentos difíciles es muy importante. Estos puntos cruciales son importantes para establecer tu relación madre-hijo y la conexión que tú y tu hijo comparten. A lo largo de los años que he dedicado a la crianza respetuosa, he descubierto que la crianza es tan dura como uno cree que es.

Piensa en las madres que crían a niños con discapacidades. Muchas madres luchan por aceptar la realidad de que su hijo tiene una discapacidad. Puede que se nieguen a aceptar que tienen que cuidar de su hijo durante toda su vida. Estos padres también pueden preocuparse por ayudar al niño a gestionar y adaptarse a su nueva realidad.

Recuerdo haber visto un programa de televisión en el que personas con un gran talento actuaban en el escenario mientras los jueces examinaban sus actuaciones y seleccionaban a los mejores. Lo que más me llamó la atención fue cuando un niño con autismo subió al escenario. Su madre lo llevó al escenario porque también era ciego.

Lo que más me llamó la atención fue que la madre nunca se rindió con su hijo. Fue capaz de identificar su talento y desarrollarlo hasta el punto en que el niño fue capaz de actuar en uno de los mayores escenarios del mundo, asombrando a los jueces y a todo el público. Me brotaron las lágrimas cuando vi la ovación que recibió.

La cuestión es que algunas madres ven la discapacidad de su hijo como un golpe de mala suerte. En cambio, algunas otras lo ven como un reto que requiere su dedicación. En otras palabras, están a la altura de las circunstancias. Dependiendo de tu forma de pensar, las opciones y el enfoque que decidas adoptar en la crianza, harán que tu hijo triunfe o fracase.

Supongamos que te llaman del colegio y te dicen que tu hijo se ha peleado p o r segunda vez ese mes. ¿Cómo reaccionarías?

¿Reaccionarías con dureza y tratarías a tu hijo como un niño problemático al que le *gusta* meterse en líos? ¿O le enseñaría a ser mejor persona comunicándose y respetando a los demás en lugar de pelearse?

Este ejemplo nos muestra dos formas distintas de responder frente a una situación negativa como madres. Como madres, debemos entender perfectamente cómo nuestra mentalidad afecta y moldea a nuestros hijos. Esto es especialmente importante porque hay una delgada línea entre una mentalidad negativa y una positiva.

Entonces, ¿qué tipo de mentalidad tienes como madre? Para determinarlo, primero debes evaluarte a ti mismo y ajustar tu mentalidad en consecuencia, porque tus hijos son tu tesoro.

Veamos también dos formas diferentes en que las madres pueden ver a sus hijos.

Cuando etiquetas a tu hijo como DIFÍCIL y TESTARUDO,

- Piensas que tu hijo es el más difícil de tratar.
- Hablas de la "terquedad" de tu hijo con otras personas

cuando el niño está presente.

- Te has creado una imagen de tu hijo y, seas consciente o no, ya te has formado la mentalidad de que tu hijo es difícil y testarudo.

- Esta mentalidad influirá en tu forma de tratar, responder y ver a tu hijo.

- Con el tiempo, calificarás a tu hijo de DIFÍCIL y TESTARUDO. Tu hijo también empezará a aceptarse y verse a sí mismo como tal.

Cuando consideras que el comportamiento de tu hijo es una oportunidad para empatizar:

- Empatizas con tu hijo incluso cuando muestra agresividad o está en medio de un arrebato. Esto se debe a que podría estar intentando llegar a ti al actuar por sentirse triste, asustado, solo o afligido.

- Respetas a tu hijo en lugar de menospreciarlo o hablar negativamente sobre él cuando está presente.

- Eliges actuar o responder después de comprender la razón del comportamiento de tu hijo, en lugar de concluir que sólo está actuando y siendo difícil.

Como madre, cuando analizas objetivamente las causas del comportamiento de tu hijo, te sientes menos inclinada a ponerle una etiqueta negativa.

Lo sé porque lo he experimentado personalmente. Antes de empezar a practicar una crianza respetuosa y consciente, solía ver a mi hijo como un niño difícil. Lo tachaba de **testarudo** y siempre me resultaba difícil hablar con él. Sin embargo, nunca supe que me estaba perdiendo todo lo bueno de mi pequeño tesoro porque prefería centrarme sólo en lo negativo.

Me di cuenta de que había sido injusta con mis etiquetas. No estaba viendo todo lo bueno de mi hijo debido a mi mentalidad. Además, no identificaba ni comprendía las cosas que ocurrían en su pequeño mundo. No podía empatizar ni conectar con sus emociones, ni podía responder con compasión y prestarle la atención que necesitaba.

Cuando puedas empatizar con tus hijos y ver las cosas desde su punto de vista, probablemente descubrirás que han estado intentando transmitirte sus mensajes utilizando diferentes métodos para llamar tu atención.

Una mentalidad etiquetadora se centrará en lo negativo. Algunas cosas que puedes pensar podrían ser las siguientes:

- He tenido un día terrible.
- Los niños me están volviendo loca.
- Mi hijo se comporta tan mal como siempre.
- Mi hijo no ha tocado la comida y no me ha hecho caso.
- Ser madre es muy difícil.
- ¿Por qué mi hijo tiene que ser tan testarudo?

En cambio, una mentalidad positiva se centra en las cosas que han ido bien. Una mentalidad positiva no se detiene en las cosas que no han ido bien:

- Está bien que mis hijos se porten mal; ellos también son humanos.

- Hoy no ha ido según lo previsto, pero no ha sido tan malo porque hemos podido pasar tiempo de calidad juntos.

- Aunque no se ha comido el almuerzo, sí ha terminado el desayuno. Vamos a prepararnos para una buena cena.

- Ser madres no es una tarea fácil, no serán solo rosas, también habrá espinas, pero se compensa cuando vemos a nuestros hijos crecer felices y sanos.

Por desgracia, una etiqueta es una barrera que te impide criar a tu hijo desde el amor, la bondad y la empatía. Una mentalidad positiva hará que tu transitar por la crianza sea memorable y te mantendrá feliz.

Practicar una crianza feliz no significa que no vayas a corregir la mala conducta de tu hijo. Significa que no utilizarás castigos severos ni pondrás etiquetas a tus hijos. En lugar de eso, actuarás para satisfacer las necesidades emocionales de tu hijo mediante un enfoque más refinado, como la interacción positiva, que puede cortar de raíz los malos comportamientos.

¡Una mentalidad positiva es la cereza en el pastel de la crianza feliz!

«Mantén tu rostro orientado hacia la luz del sol y no podrás ver ni una sombra».
- Helen Keller

CAPÍTULO 12

NO ES DEMASIADO TARDE

"La mala noticia es que el tiempo vuela. La buena noticia es que tú eres el piloto". – Michael Altshuler

"Quisiera que las cosas fueran diferentes, pero mis hijos ya están cerca de la adolescencia. Creo que es demasiado tarde para cambiar las cosas".

¿Te sientes identificada con las preocupaciones de esta madre?

¿Tienes las mismas preocupaciones? A veces, es tu forma de pensar la que te limita y te lleva a hacer suposiciones erróneas. Tal vez ya hayas aprendido que el 90% de la persona en la que te conviertes de adulto es el resultado de tus experiencias durante los primeros siete años de vida. ¿No sería un cruel giro de la naturaleza que la inexperiencia fuera lo único que tuviera un impacto significativo en tu hijo? Afortunadamente, no es así. Aunque hayas cometido algunos errores en el camino, tus hijos han heredado algunos buenos rasgos de ti.

He hablado con muchas madres que me han confirmado que quieren pasar tiempo con sus hijos, estar a su lado, tener una relación afectuosa con ellos y sentirse unidas a ellos. Sin embargo, hay muchas cosas que se interponen en su camino y les hacen sentirse desconectadas de sus hijos con el paso del tiempo. Teniendo en cuenta la edad de sus hijos, las madres suelen pensar que es difícil reiniciar la relación.

Por suerte, estudios recientes han sugerido que, aunque los primeros años son esenciales, no hay que ignorar los próximos. Este periodo de tiempo también importa. La plasticidad cerebral continúa durante toda la vida, y los niños pueden seguir aprendiendo independientemente de su edad. Esto significa que, independientemente de la edad de tu hijo, nunca es demasiado tarde para mejorar tu estilo de crianza.

Ser Madres Con Menos Remordimientos

Tal vez pienses que es demasiado tarde para cambiar algo en la vida de tu hijo porque llevas muchos años gritándole, insultándole y pegándole. Crees que ya no puedes cambiar y pierdes la esperanza, asumiendo que ya no hay forma de arreglar las cosas. Pero te olvidas de algo: el hecho de que estés leyendo este libro ya demuestra que quieres ser una madre diferente. ¿Y sabes qué? ¡No es demasiado tarde para hacerlo!

Hay muchas razones por las que estás criando a tus hijos como lo haces. Por ejemplo, puede que tengas menos apoyo de tu familia y amigos que otras madres. Quizá te sientas estresada si no tuviste un buen modelo de crianza mientras crecías. Tu dificultad para criar a tus hijos también puede deberse a tu falta de experiencia y a que, sencillamente, no sabes manejar mejor las situaciones difíciles.

Aunque hayas empezado tu camino en la crianza sin creer en la conexión ni preocuparte por ella, nunca es tarde para hacer el trabajo necesario. Puedes volver atrás y empezar desde el principio. No el principio de la vida de tu hijo, porque no tenemos una máquina del tiempo, por supuesto, pero puedes comenzar el proceso de crianza respetuosa. Créeme, no es demasiado tarde para empezar.

¡Cosas que puedes empezar a hacer hoy!

Las siguientes son cosas que puedes empezar a hacer hoy mismo para ser una mejor madre.

1. Mantén el apego

Ya hemos hablado del apego en los capítulos 3 y 4 de este libro, pero merece la pena volver a mencionarlo. El apego no significa que tengas que seguir una lista de lo que debes y no debes hacer. Tener una mentalidad de apego no tiene que ver con las prácticas que seguiste o no seguiste cuando tu hijo era un bebé; tiene que ver con tu mentalidad. Tal vez ya tengas una mentalidad de apego sin darte cuenta. Pero en cuanto sepas que estás predispuesta a conectar con tu hijo, podrás criarlo mejor. Aunque se la llama "crianza con apego", yo prefiero llamarla simplemente "crianza". Piénsalo. ¿Quién no querría estar cerca de sus hijos? Supongo que nadie.

Los niños que han experimentado un apego inseguro con sus madres o padres, han sido heridos de muchas maneras. Sin embargo, eso no significa que el pasado determine el futuro. En lugar de eso, puedes empezar a centrarte en fomentar una conexión con tu hijo ahora, no mañana. Con el tiempo, tu hijo se convertirá en un adulto independiente, seguro y empático.

Mantener el apego no significa que debas ser perfecta o estar en sintonía con tus hijos 24 horas al día, 7 días a la semana. Significa que aceptas que tu hijo es una persona diferente a ti y que estás atenta a sus necesidades. Debes empatizar con la experiencia de tu hijo y dar prioridad a "estar ahí" para él.

2. Crea momentos memorables

¿No sería interesante empezar cada día con un nuevo escenario? Independientemente de la edad de tu hijo, ya sea pequeño o adolescente, pueden empezar a crear dulces recuerdos juntos cada día. Por supuesto, llevará tiempo crear y fomentar esos momentos tan preciados, pero asegúrate de tomar decisiones deliberadas para pasar tiempo juntos. Pueden realizar actividades como pasear por el vecindario, comer, limpiar la casa, hacer las compras y llevar a cabo proyectos de bricolaje juntos. Con estas actividades cotidianas se pueden crear rápidamente momentos extraordinarios.

Mientras realizas tus tareas cotidianas, puedes compartir generosamente tu tiempo y disfrutar de cada momento entrañable con tus hijos. Mira a tu alrededor y ve por dónde puedes empezar. La cocina es un lugar estupendo para pasar el tiempo con tus hijos porque pueden hornear galletas o pasteles, rellenar pavos o hacer helados caseros para cumpleaños y fiestas. No hace falta que haya una ocasión especial para hacer cualquiera de estas actividades. Pueden cocinar juntos cualquier fin de semana. Créeme, a tus hijos les encantará estrechar lazos contigo en la mesada de la cocina. Aprovecha las experiencias culinarias para crear recuerdos que durarán mucho tiempo.

Otras madres, incluyendo algunos padres querrán jugar a la pelota con sus hijos, armar rompecabezas juntos, tocar instrumentos musicales (aunque sean sencillos, como las maracas de huevos) o participar en juegos "desastrosos" con arena, tierra, barro, agua, arcilla, nieve, etc. Sé que será una pesadilla limpiar. ¡Pero es muy bueno para su desarrollo!

Incluso cuando no tengas tiempo libre, puedes dejar que tus hijos te acompañen cuando hagas algún trámite o en viajes de trabajo, si es posible. Si tu trabajo es flexible y te permite tener niños a tu alrededor, también es buena idea llevarlos contigo de vez en cuando.

Estas valiosas oportunidades te ayudarán a establecer una buena relación con tu hijo, lo que facilitará la comunicación entre ambos.

3. Actúa de forma más intencionada con tus hijos

Muchas madres dicen que se arrepienten de no haber sido más intencionadas con sus hijos. Tiendes a criar a tus hijos como te criaron a ti, a menos que hagas un esfuerzo consciente por ser diferente. Si vienes de una familia que no se preocupa por tomar vacaciones familiares con frecuencia, modelarás el mismo comportamiento con tus hijos. Puede que digas cosas como: "Algún día nos tomaremos esas vacaciones de las que hablam

os", pero en realidad es probable que no lo hagan porque la vida se interpone en el camino.

Mantente activa con tus hijos, aunque estés agotada después de un largo día de trabajo. Vayan al parque, al cine o al museo. Tómate esas vacaciones. No hace falta que vayas a un crucero caro o a Disneylandia. Basta con algo sencillo, como ir de camping o pasar el día en la playa. Sólo tienes dieciocho vacaciones de verano con tus hijos antes de que se hagan adultos. Tus planes de "algún día" no se harán realidad a menos que te lo propongas. No te arrepientas de todas las oportunidades perdidas cuando tus hijos crezcan.

Cartas De Tu Hijo

Como padres, ya sabemos lo que queremos, pero ¿hemos pensado en lo que quieren nuestros hijos? Al igual que nosotros queremos que nuestros hijos sean buenos y cariñosos, ellos también tienen cosas que quieren de nosotros. Eso incluye pasar tiempo con nosotros, sus padres.

Los niños quieren toda nuestra atención cuando pasan tiempo con su madre o su padre. Quieren que los escuchen y que realmente los oigan. Quieren que se les respete como niños y que sus opiniones cuenten sin que se les corrija constantemente. Los niños ven a sus padres como las personas más valiosas e importantes de su vida, igual que los padres atesoran a sus hijos.

Todos hemos sido niños en algún momento de nuestras vidas, pero probablemente hemos olvidado cómo era para nosotros. He intentado imaginarme en la piel de mi hijo, preguntándome: "*Si volviera a ser niño, ¿qué me gustaría decirles a mis padres?*". Recuerdo que deseaba que mis padres no actuaran de ciertas maneras. También quería que supieran lo que realmente quería de ellos.

Intenta mirar en el corazón de tus hijos para entender lo que quieren. Aquí tienes algunas cosas que tu hijo puede querer que hagas:

1. Tómame en serio.

No quiero que te burles de mí ni que quites importancia a cosas importantes para mí. No hagas bromas a mi costa ni consideres mis pensamientos "graciosos". Puede que te parezcan infantiles, pero con mis conocimientos actuales y mi limitada experiencia, así es como percibo el mundo y como pienso. No te burles de mí si lo que pienso es incorrecto. Mejor enséñame lo que es correcto.

2. Ten la amabilidad de respetar mis intereses.

Sé que soy un niño, pero hay una razón por la que disfruto con las cosas que hago. Así que permíteme que te muestre por qué y qué me gusta, ya sea jugar a videojuegos, construir con Legos o hacer aviones de papel. No hace falta que estés de acuerdo ni que te guste, pero al menos sabrás por qué me interesa, y quizá me entiendas mejor.

3. Permíteme que te enseñe cosas.

Entiendo que tienes más conocimientos y experiencia que yo. Pero por pequeño que sea, yo también tengo conocimientos y experiencia que compartir. Discutir mis puntos de vista y mis nuevas ideas me ayudará a ampliar mis horizontes y a aclarar las cosas. Enseñarte algo nuevo me enorgullecerá. Permíteme que te muestre lo profundos o superficiales que son mis conocimientos sin interrumpirme ni ridiculizar mis pensamientos.

4. No me interrumpas en la medida de lo posible.

Te agradecería que respetaras mi tiempo, aunque sea un niño. Sé que no siempre puedo salirme con la mía, pero debes saber que interrumpir mis momentos creativos, de juego o de tranquilidad es realmente irritante. Puede desconcentrarme. Mi cerebro está aprendiendo a concentrarse durante largos ratos y a centrarse en las tareas. Por favor, déjame terminar si no hay razón para interrumpir mi trabajo o mis pensamientos.

5. Permíteme tomar decisiones por mí mismo.

Aunque necesito contar contigo para tomar decisiones importantes y para muchas otras cosas que no puedo hacer solo, no tener voz en mi vida me limita demasiado. Permíteme tener suficiente voz en mi vida para sentirme responsable y contribuir de forma significativa al propósito de mi vida. Por ejemplo, me encanta elegir mi atuendo del día en el color que más me gusta. También me gusta resolver problemas que puedo manejar sin ayuda.

6. Conóceme y compréndeme.

No está bien que intentes moldearme para que sea como tú crees que debo ser. En lugar de eso, deberías conocerme, y así entenderás mejor quién soy. Yo también me estoy descubriendo, así que ayúdame a hacerlo. Vamos a conocerme.

7. Dedícame tiempo y atención.

Necesito tu tiempo y tu atención, así que no me hagas esforzarme más de la cuenta para llamar tu atención. No quiero actuar como un loco, ni ser travieso, ni meterme en peleas para llamar tu atención y que interactúes conmigo. ¡Dedícame tiempo y atención como se los dedicas a otras cosas y a otras personas!

8. Abrázame.

Quiero que me abraces física y figurativamente. Quiero sentir tus abrazos y tu afecto. Necesito la seguridad de tus manos sosteniéndome y diciéndome que todo va bien. Me encanta cuando juegas conmigo y me enseñas la forma correcta de hacer las cosas cuando cometo errores. Aunque demasiado no es sano, demasiado poco es igual de malo.

Tardé unos años en darme cuenta de lo que los niños quieren de sus madres y padres. No sé a ti, pero a mí esta lista me hace sonreír cada vez que la veo. Me transporta a mi infancia y me recuerda cómo yo quería muchas de estas mismas cosas.

Podemos permitirnos las cosas que hacen que nuestros hijos se sientan queridos y cuidados porque las cosas que quieren y anhelan no son complejas ni caras.

Las pequeñas cosas que hacemos en la crianza marcan la diferencia y significan mucho para nuestros hijos. Nunca es tarde para empezar y poner las cosas en su sitio.

CONCLUSIÓN

Estoy muy orgullosa de ti. ¡Bien hecho!

Has hecho un trabajo increíble permaneciendo conmigo desde el principio de este libro hasta este punto, el final. Espero que hayas disfrutado de la experiencia tanto como yo. Al terminar este viaje, asegúrate de que lo que has aprendido hasta ahora se refleje en tus acciones. Mantente conectada con tu hijo a partir de este momento. Pero antes de dejarte, tengo unas palabras más para ti.

"Los padres son una ventana al mundo. Los niños ven el mundo a través de esa ventana. Algunas de estas ventanas tiemblan incluso con el más mínimo viento. Otras, tienen sus cristales rotos. Pero las buenas ventanas son fuertes y protegen del frío y del viento".

Esta es una de mis expresiones favoritas, y siempre la recito para recordarme lo responsable que debo ser respecto a mi hijo. Como ventanas al mundo de nuestros hijos, debemos mantenernos fuertes y asegurarnos de que la ventana esté limpia para ayudarles a ver el mundo con seguridad.

Comprendo que batalles con tus pequeños y que las cosas no salgan como imaginabas. Pero no te castigues. Todo esto forma parte del camino de la crianza. Independientemente de cómo resulte tu viaje, busca siempre la conexión con tus hijos. La conexión es el camino al corazón de tu hijo y puede evitar muchos problemas con él. La conexión consigue que tu hijo te escuche, mejorando su vínculo.

¿Crees que necesitas hacer grandes mejoras para sentirte conectada con tu hijo? Yo creo que no. Lo único que importa es dar pasos graduales. A veces, tu esfuerzo por establecer una conexión con tu hijo puede pasar desapercibido. Puede que pienses que estás perdiendo el tiempo. Pero aunque tu esfuerzo parezca en vano, sigue siendo valioso. Con el tiempo, verás lo increíblemente grande que es la diferencia en la relación que lograrás tener con tu hijo.

Veámoslo desde la perspectiva de alguien que está a dieta. Estar a dieta durante unos días no te hará perder veinte libras. Sin embargo, si eres constante, verás cambios significativos en tu cuerpo. Aunque los resultados no sean visibles al principio, con el tiempo se producirán cambios significativos. No vuelvas a tu antiguo estilo ni te desanimes si no notas cambios de inmediato. Como todas las cosas buenas de la vida, conectar toma tiempo.

Además, si te sientes desconectada de tu hijo y te culpas por no ser la madre perfecta, tienes que dejar de sentirte así. Créeme, yo también he pasado por eso, y no es una buena sensación. Pero reconocer un problema y tomar medidas proactivas para resolverlo es el camino a seguir. Eso es exactamente lo que yo hice, y estoy aquí para decirte que puedes recuperarte y seguir desde donde lo dejaste. No quiero que sufras como lo he hecho yo cuando no conocía nada de esto, criando a mis hijos sin prestar atención a la conexión.

No podemos negar que la crianza es una carrera diaria. ¿Existen realmente madres e hijos perfectos? Nunca he visto a una madre ni a un hijo perfecto, y dudo que tú los hayas visto. Todos somos humanos y estamos lejos de la perfección. Ser humanos conlleva muchos desafíos, pero necesitamos saber cuándo nos equivocamos y cuándo acertamos. Saberlo nos ayuda a mantener el rumbo correcto.

Sin duda, los niños crecen muy deprisa. En un momento estás lidiando con los llantos de tu bebé de diez meses y, antes de que puedas recuperar el aliento, ya tienes a un niño de dos años revolcándose en el suelo. Pero la cosa no acaba ahí, porque dentro de unos años tendrás a un niño soplando las nueve velas de su pastel de cumpleaños. Y luego llega la adolescencia. ¡Vaya! Ya a mitad de camino de la edad adulta. ¡El tiempo realmente vuela!

Cuando cumplan dieciocho años, es probable que te retiren oficialmente del papel de madre a tiempo completo y te contraten como asesora. Esto es cuando tus hijos ya tienen edad para casarse y votar. O probablemente puede ser el momento en que los dejes en la universidad.

¿Cómo te imaginas el día que dejes a tu hijo en la universidad?

¿Quieres mirar atrás y sentirte orgullosa de haber pasado tiempo con tu hijo y apreciar el vínculo que han creado a lo largo de los años? ¿O quieres sollozar al darte cuenta de repente de lo mucho que te has perdido en la vida de tu hijo, sabiendo que el tiempo se acabó? Espero que con este libro como guía, mires atrás y sonrías, agradecida por la conexión que has logrado construir con tus hijos. Tendrás la certeza de que siempre estarán unidos a lo largo de sus vidas, aunque tu hijo haya emprendido un nuevo camino.

Ahora que tienes tiempo, haz de tu casa un hogar. Pregúntate, *¿cómo se siente tu hogar ahora mismo? ¿Es lo bastante propicio para que prospere la conexión*? Con un poco de suerte, tu hogar está lleno de amor, paz, satisfacción y seguridad para tus pequeños. Pero si está abarrotado de caos, espero que este libro te dé una idea de cómo empezar a reparar el entorno de tu hogar.

Comienza por estar disponible para tu hijo y actúa como su sistema de apoyo 24 horas al día, 7 días a la semana. Incluso cuando no tengas todas las respuestas a sus problemas, demuéstrale tu apoyo y juntos busquen soluciones para superar los obstáculos. La solución no siempre será fácil, pero lo importante es que siempre estés disponible para ayudar.

Por último, si quieres ser una mejor madre, tienes que practicar, practicar y practicar. Mientras te dejo, tu nuevo mantra debería ser **Leer - Interiorizar - Ejecutar**.

Si has adquirido conocimientos valiosos y has disfrutado leyendo este libro, ten la amabilidad de dejar una reseña para que otras madres o padres con dificultades sepan que hay esperanzas y que nunca es demasiado tarde para empezar a conectar con sus hijos. Este libro puede ser un buen comienzo mientras trabajan en la construcción de una conexión increíble con sus hijos.

Mamá, papá; relájense, y anímense: ¡Lo mejor está por venir!

AMO A MAMÁ

AMO A PAPÁ

¿Hubo algo en este libro que se quedó contigo?

Si alguna parte te hizo reflexionar, te dio aliento, o cambió algo en tu forma de ser mamá o papá… me encantaría saberlo.
Tus palabras importan—no solo para mí, sino para otra persona que tal vez necesita leer justo eso.
Si lo sientes, deja una reseña. Gracias por ser parte de este camino.

Agradezco tu ayuda.

REFERENCIAS

Ballinger, B. (s.f.). 6 Ways To Know That You Are A Good Parent (And 6 Ways You Can Improve). Extraído de https://parentingthemodernfamily.com/6-ways-know-good-parent-6-ways-can-improve/

Banks, C. (s.f.). Disrespectful Child Behavior? Don't Take It Personally.

Extraído de https://www.empoweringparents.com/article/disrespectful-child-behavior-dont-take-it-personally/

Bharatan, N. (Noviembre de 2020). 26 House Rules For Kids And Tips To Help Them Follow. Extraído de https://www.momjunction.com/articles/house-rules-for-kids-list_00763041/

Borelli, J.L & Lai, J. (Junio de 2019). How to Decipher the Emotions Behind Your Child's Behaviors. Extraído de https://greatergood.berkeley.edu/article/item/how_to_decipher_the_emotions_behind_your_childs_behaviors

BUGK.org. (s.f.). Understanding Yourself As A Parent. Extraído de http://www.bringingupgreatkids.org/en/parenthood/understanding-yourself-as-a-parent

Centers for Disease Control and Prevention. (Noviembre de 2019). Creating Rules. Extraído de https://www.cdc.gov/parents/essentials/structure/rules.html

Child Guidance Resource Centers. (Octubre de 2020). Parenting Strategies: The Benefits of House Rules. Retrieved from https://cgrc.org/blog/parenting-strategies-the-benefits-of-house-rules/

Coverthree. (s.f.). Kids Brain Development: the Factors & Stages That Shape Kids' Brain. Extraído de https://coverthree.com/blogs/research/kids-brain-development

ECLKC. (s.f.). News You Can Use: Early Experiences Build the Brain.

Extraído de https://eclkc.ohs.acf.hhs.gov/school-readiness/article/news-you-can-use-early-experiences-build-brain

First Thing First, (s.f.). Brain Development. Extraído de https://www.firstthingsfirst.org/early-childhood-matters/brain-development/

Garcia, N. (Mayo de 2022). On Accepting Your Children for Who They Are. Extraído de https://sleepingshouldbeeasy.com/accepting-your-children/

Gillies, B. (Octubre de 2022). 50 Easy Ways to Be a Fantastic Parent.

Extraído de https://www.parents.com/parenting/better-parenting/advice/ways-to-be-fantastic-parent/

Glembocki, V. (Enero de 2022). How to Stop Yelling at Your Kids—and What to Do

Instead Extraído de https://www.parents.com/parenting/better-parenting/advice/how-to-quit-yelling-at-your-kids/

Harris, B. (s.f.). Have You Accepted the Child You've Got? Extraído de https://bonnieharris.com/accepted-child-youve-got-2/

HMG Org. (s.f.). How to Encourage a Child's Brain Development.

Extraído de https://helpmegrowmn.org/HMG/HelpfulRes/Articles/HowEncourageBrain-Dev/index.html

Holmes, K. (s.f.). The Best Questions to Ask Your Kid Instead of "How Was YourDay?" Extraído de https://happyyouhappyfamily.com/questions-for-kids/ Hurley, K. (Febrero de 2019). 10 Positive Parenting Mantras to Help You Stay Calm.

Extraído de https://ourdailymess.com/2019/02/26/10-positive-parenting-mantras-to-channel-your-inner-calm/

Karp, H. (s.f.). How to Discipline a Toddler. Extraído de https://www.happiestbaby.com/blogs/toddler/when-does-discipline-begin

Keston, V. (Noviembre de 2013). Finding a Middle Ground: Six Ways to Give Our Chil- dren Room to Grow without Undue Risk.

Extraído de https://gooseling.-com/middle-ground-parenting/

Kids Helpline. (s.f.). Helping kids identify and express feelings. Extraído de https://kidshelpline.com.au/parents/issues/helping-kids-identify-and-express-feelings

Kolitz, D. (Septiembre de 2018). Do Kids Feel Stronger Emotions Than Adults? Extraído de https://gizmodo.com/do-kids-feel-stronger-emotions-than-adults-1828933152

Krisbergh, A. (s.f.). Being A Role Model – The Promise And The Peril. Extraído de https://centerforparentingeducation.org/library-of-articles/focus-parents/role-model-promise-peril/

Kwan, E. (Septiembre de 2017). Ten Ways to Connect With Your Child Everyday. Extraído de https://www.handinhandparenting.org/2017/09/10-ways-to-connect-with-your-child-everyday/

Lansbury, J. (s.f.). If Gentle Discipline Isn't Working, This Might Be the Reason. Extraído de https://www.janetlansbury.com/2012/10/if-gentle-discipline-isnt-working-this-might-be-the-reason/

Lehman, J. (s.f.). Parent the Child You Have, Not the Child You Wish You Had. Extraído de https://www.empoweringparents.com/article/parent-child-you-have/

Leo, P. (s.f.). Connecting Through Filling the Love Cup. Extraído de https://www.naturalchild.org/articles/pam_leo/love_cup.html

Li, P. (Octubre de 2022). Discipline vs Punishment: The Difference In Child Develop- ment. Extraído de https://www.parentingforbrain.com/discipline-vs-punishment/

Li, P. (Octubre de 2022). How To Get Kids To Listen. Extraído de https://www.par-entingforbrain.com/how-to-get-kids-to-listen/

Li, P. (Noviembre de 2022). Controlling Parents – 20 Signs And Why They Are Harmful.

Extraído de https://www.parentingforbrain.com/controlling-parents/ Loewen, M. (Enero de 2007). Am I a Good Parent? Extraído de https://launchpad-counseling.com/blog/parent-coaching/am-i-a-good-parent/
MacGregor, J. (Marzo de 2020). How to fill your child's emotional cup.

Extraído de https://funmammasa.co.za/how-to-fill-your-childs-emotional-cup/

Markham, L. (Diciembre de 2016). What's Connection Parenting? Q and A. Extraído de https://www.ahaparenting.com/read/connection-parenting-Q-A

McCready, A. (s.f.). How to Get Kids to (REALLY) Listen: 7 Steps for Success. Extraído de https://www.positiveparentingsolutions.com/parenting/get-kids-to-listen

McGuinness, D. (Agosto de 2022). 6 Small Ways to Make Each of Your Kids Feel Special. Extraído de https://www.parents.com/parenting/better-parenting/advice/6-small-ways-to-make-each-of-your-kids-feel-special/

Meinke, H. (Diciembre de 2019). Understanding the Stages of Emotional Development inChildren. Extraído de https://www.rasmussen.edu/degrees/educa-tion/blog/stages-of-emotional-development/

Messy Yet Lovely. (s.f.). How to connect with your child and build a great relationship. Extraído de https://workingparenting.com/connection-before-correction/

Morgenstein, J. (s.f.). It's Never Too Late To Hit Reset With Your Kids.

Extraído de https://www.juliemorgenstern.com/tips-tools-blog/2020/1/23/its-never-too-late-to-hit-reset-with-your-kids

Morin, A. (Enero de 2021). Role Model the Behavior You Want to See From Your Kids. Extraído de https://www.verywellfamily.com/role-model-the-behavior-you-want-to-see-from-your-kids-1094785

Morin, A. (Septiembre de 2022). 5 Types of Household Rules Kids Need. Extraído de https://www.verywellfamily.com/types-of-rules-kids-need-1094871

Morin, A. (Octubre de 2022). A Sample of Family Household Rules. Extraído de https://www.verywellfamily.com/examples-of-household-rules-for-the-entire-family-1094879

Nelson, J. (s.f.). Connection Before Correction. Extraído de https://www.positivediscipline.com/articles/connection-correction-0

Nikki, C.T. (Noviembre de 2022). 10 Reasons Why Moms Cry. Extraído de https://fairfieldcounty.momcollective.com/moms-cry-reasons-why/

Pace, R. (Febrero de 2022). 25 Ways on How to Be a Better Parent. Extraído de https://www.marriage.com/advice/parenting/ways-to-be-a-better-parent/

Parenting From Scratch. (Octubre de 2013). When Is it Too Late to Build a Secure Attachment With My Child? Extraído de https://parentingfromscratch.wordpress.-com/2013/10/23/when-is-it-too-late-to-build-a-secure-attachment-with-my-child/

Plugarasu, M. (Mayo de 2022). Connection in Parenting: Back to Basics. Extraído de https://mihaelaplugarasu.com/connection-in-parenting-back-to-basics/

Practice Notes. (Julio de 2014). Why Attachment Matters. Extraído de https://practi-cenotes.org/v19n3/matters.htm

Rogers, R. (s.f.). Parenting with no regrets before it's too late. Extraído de https://www.focusonthefamily.ca/content/parenting-with-no-regrets-before-its-too-late

Rueter, A. (s.f.). When Mom and Dad have Different Parenting Styles. Extraído de https://messymotherhood.com/when-mom-and-dad-have-different-parenting-styles-2/

Simply Rooted Family. (Junio de 2022). How to Adjust Your Body Language When Talking to Your Kids to Speak Love. Extraído de https://simplyrootedfamily.-com/2020/06/22/love-language-for-kids/

Stasney, S. (n.d). 4 Simple But Effective Ways For Connecting With Your Child. Extraído de https://www.thisnthatparenting.com/connecting-with-your-child/

Taylor, E. (Julio de 2022). Moms Have Feelings Too. Extraído de https://fairfield-county.momcollective.com/moms-have-feelings-too/

The Consciously Parenting Project. (s.f.). 4 things you can do today when you feel disconnected from your child. Extraído de https://consciouslyparenting.-com/blog/4-things-when-disconnected/

The Foundations for Learning Center. (s.f.). The Importance of Unconditional Love. Extraído de https://www.thefoundationforlearning.com/child-care/the-importance-of-unconditional-love/

The Pragmatic Parent. (s.f.). Parenting Mindset: How You See Your Child on Hard Days Affects Your Relationship. Extraído de https://www.thepragmaticparen-t.com/parenting-mindset-positive-parenting-connection/

UNICEF. (s.f.) How to discipline your child the smart and healthy way. Extraído de https://www.unicef.org/parenting/child-care/how-discipline-your-child-smart-and-healthy-way

Working Parenting. (Julio de 2016). 3 Easy Ways to "Connect Before Correct" in parent- ing. Extraído de https://workingparenting.com/connection-before-correction/

www.ingramcontent.com/pod-product-compliance
Lightning Source LLC
Chambersburg PA
CBHW020247010526
44107CB00002B/144